Kerzenwachs & Fliegengitter

Kerzenwachs & Fliegengitter

Neuer
PAWLAK
Verlag

Autor: Harald Dienstmann
Illustrationen: Wiebke Vormstein
Einbandgestaltung: Rincón Partners Kommunikationsdesign
Gesamtherstellung: Neuer Pawlak Verlag GmbH, Köln

ISBN 3-86146-114-5

Liebe Leserinnen, liebe Leser!

Wer kennt sie nicht, die kleinen Tücken des Alltags? Der Duschkopf im Badezimmer ist verkalkt, der Abfluß verstopft und der Spiegel beschlagen. Doch noch sehen Sie zuversichtlich dem Tag entgegen und freuen sich auf ein schönes Frühstück. Wenn Sie nur wüßten, ob die Eier noch frisch sind! So ein Ärger: Das Brot können Sie nicht essen, weil es ausgetrocknet ist.
Auch außerhalb Ihres Heims bleiben Sie von kleinen Schwierigkeiten nicht verschont: Der Wagen reagiert nicht, obwohl Sie die Zündschlüssel herumdrehen. Als Sie am Abend im Restaurant eine Fischgräte verschlucken, wissen Sie nicht, was Sie tun sollen. Und zu Hause können Sie die Flasche Wein nicht öffnen, weil Sie Ihren Korkenzieher nicht finden. Selbst die Erholung am Wochenende im Garten bleibt aus: Dort haben die Wespen das Regiment übernommen.
Lassen Sie sich nur keine grauen Haare wachsen! Für all diese Probleme gibt es kinderleichte Lösungen.
Mit diesem Buch wünsche ich Ihnen viel Freude und Erfolg, damit „Pleiten“, „Pech“ und „Pannen“ demnächst in Ihrem Haushalt Fremdwörter sind!

Harald Dienstmann

Inhalt

Kein Bild im Spiegel

Im Bad

ABFLUSS

Eine Handvoll Salzwasser

Wenn man wöchentlich einmal eine Tasse kochendes Wasser zusammen mit einer Handvoll Salz in den Abfluß gießt, verstopft er nicht.

*

Cola ins Waschbecken

Läuft das Wasser im Waschbecken schlecht oder gar nicht ab, gießen Sie ein Glas Cola hinein. Das wirkt!

*

Heißes Kartoffelwasser

Kochendheißes Kartoffelwasser reinigt Abflußrohre umweltfreundlich und effektiv.

*

Nylonstrumpf als Sieb

Hat Ihre Waschmaschine einen freien Ablauf und reicht der Schlauch in die Spüle oder ins Waschbecken, können Sie einer Abflußverstopfung vorbeugen, indem Sie einen alten

Nylonstrumpf über den Schlauch stülpen. Sie werden sich wundern, was darin alles hängenbleibt.

*

Weniger Geruch

Wenn der Ausguß riecht, hilft es, eine Soda-Tablette auf das Abflußsieb zu legen und sie mit kochendem Wasser zu überbrühen.

*

Gummistöpsel wie neu

Alte Gummistöpsel für Badewannen und Waschbecken werden wieder dicht, wenn sie eine halbe Stunde vor Gebrauch in warmem Wasser liegen.

*

SPIEGEL

Stark beschlagen

Ist der Spiegel nach dem Duschen stark beschlagen, reicht es, ihn mit dem Fön kurz zu erwärmen; schon ist er wieder klar.

Klare Sicht

Putzen Sie Ihren Spiegel mit einem Reinigungsmittel für Brillengläser oder mit einem Anti-Beschlag-Tuch. Danach bleibt er wochenlang klar.

*

Blanke Spiegel

Blinde Spiegel werden mit Leinöl wieder blank. Das Öl dünn auftragen, kurz einwirken lassen und blank reiben.

*

Strumpfhose gegen Streifen

Putzstreifen an Fenstern und Spiegeln verschwinden, wenn man mit einer alten Feinstrumpfhose über die schon trockenen Flächen reibt.

*

Optisch größer

Kleine Badezimmer kann man optisch vergrößern, wenn man die Badezimmertür von innen mit Spiegelfliesen beklebt. Der Raum wirkt dann fast doppelt so groß.

*

WASSERHAHN

Neue Dichtung

Wasserhähne sollten wirklich dicht sein. Entweicht ein Jahr lang ein Tropfen pro Sekunde, geht so viel Wasser verloren, wie ein Haushalt mit vier Personen in der selben Zeit an Trinkwasser benötigt. Eine neue Dichtung schafft rasch Abhilfe.

*

Schlafstörung

Wenn Sie nicht schlafen können, weil der Wasserhahn tropft, wickeln Sie einfach ein Tuch um die Öffnung. Sie können auch einen Bindfaden so an den Hahn binden, daß er bis zum Abfluß reicht. Das Wasser rinnt dann ganz leise an dem Faden entlang.

*

WEITERE HILFEN

Wasser sparen

Legt man einen einfachen Ziegelstein in den Spülkasten der Toilette, spart man bei jeder Spülung fast zwei Liter, schont die Natur und den eigenen Geldbeutel.

*

Duschen ist billiger

Ein Vollbad ist entspannend, aber ein Duschbad spart Geld. Man bedenke: Die Warmwassermenge einer Wannenfüllung reicht aus, um vier- bis sechsmal zu duschen.

*

Kein Dunst

Um beim Einlaufen des Badewassers den lästigen Dunst zu vermeiden, ziehe ich einen Badehandschuh über die Brause, bevor ich sie in die Wanne lege. Außerdem läuft auf diese Weise das Wasser geräuschlos ein.

*

Weiches Badewasser
Gibt man zwei bis drei Eßlöffel Backpulver ins Badewasser, wird es herrlich weich.

*

Zarte Haut
Setzen Sie Schalen von ungespritzten Zitronen in einem Glas mit Öl und wenig Wasser an. Einige Tropfen dieser Mischung im Badewasser sorgen für eine zarte Haut.

*

Babybad mit Milch
Geben Sie für Babys und Kleinkinder, die keine Badezusätze vertragen, einfach ein paar Spritzer Milch ins Badewasser. Alle Rötungen verschwinden. Die Haut wird glatt und zart.

*

Verklebter Tubenkopf

Läßt sich eine Tube nicht mehr öffnen, weil das Gewinde verklebt ist, hält man den Tubenkopf einige Zeit in heißes Wasser.

✷

Seife als Schneiderkreide

Getrocknete Seifenreste eignen sich als Schneiderkreide. Der Seifenstrich ist gut sichtbar und läßt sich leicht auswaschen.

✷

Seifenreste für die Wäsche

Geben Sie Seifenreste zusammen mit etwas Wasser in ein Glas mit Schraubverschluß. So entsteht nach einiger Zeit eine gute Seifenlauge für Ihre Feinwäsche.

✷

Was die Nase wenig liebt

Unangenehme Düfte

GEMÜSE

Knoblauch

Ein Essen, das fein mit Knoblauch gewürzt wurde, ist eine Freude. Wer sich anschließend an dem Geruch stört, sollte eine saure Gurke essen oder eine Kaffeebohne zerkauen.

*

Kohl

Der lästige Geruch, der meist noch stundenlang nach dem Kochen von Kohl in der Wohnung hängt, wird durch das Mitkochen einiger Walnußkernhälften vermindert. Sinnvoll ist es auch, während des Kochens eine Brotscheibe auf das Gemüse zu legen.

*

Zwiebeln

Nach dem Schneiden von Zwiebeln und Knoblauch sollte man sich die Hände mit Zahnpasta waschen. So kann man den unangenehmen Geruch an den Fingern vermeiden.

FISCH

Mit Ingwer kochen

Ein Stück Ingwer im Kochwasser bindet unangenehmen Fischgeruch.

*

Fischfilets abreiben

Rohe Fischfilets bleiben geruchlos, wenn sie mit Zitronenwasser abgerieben, sorgfältig getrocknet und eingewickelt in den Kühlschrank gelegt werden. Dadurch verfeinert sich der Geschmack.

*

Geschirr kalt waschen

Fischgeschirr, das im ersten Waschgang kalt gereinigt wird, verliert seinen aufdringlichen Geruch.

*

Essig hilft

Wenn die Küche unangenehm nach Fisch riecht, hilft ein Eßlöffel Essig, der auf die warme Herdplatte gegeben wird.

*

TABAK

Schwamm hilft

Ein Schwamm, in Wasser getränkt, nimmt mit seinen Poren verhältnismäßig schnell Tabakgeruch in der Wohnung auf.

*

Essig für Aschenbecher

Rauchgeruch von Aschenbechern läßt sich mit Essigwasser beseitigen.

*

WEITERE HILFEN

Babyflaschen

Der dumpfe und säuerliche Geruch verschwindet aus Babyflaschen, wenn man sie mit Salzwasser ausspült.

*

Kühlschrank

Unangenehme Düfte im Kühlschrank lassen sich vermeiden, indem man einen halben Apfel hineinlegt. Er muß allerdings einmal pro Woche ausgetauscht werden.

*

Kochdunst

Gerüche, die trotz Lüftens nach dem Kochen nicht verschwinden, beseitigt man, indem man eine Messerspitze Kaffeepulver auf die heiße Herdplatte gibt.

*

Kaffeedose

Will man Kaffeegeruch aus der Dose entfernen, hält man sie nach dem Ausspülen kurz über die offene Flamme.

✱

Blumenwasser

Blumenwasser riecht unangenehm, wenn die Stiele faulen. Ein Stückchen Holzkohle schafft Abhilfe.

✱

Immer unter Strom

Energie sparen

BACKOFEN & HERD

Temperatur prüfen

Die Backofentemperatur stimmt vor allem bei älteren Geräten häufig mit den Angaben auf dem Schalter nicht mehr überein. Legen Sie ein Stück Zeitungspapier auf den Rost der mittleren Schiene und prüfen Sie nach etwa zehn Minuten die Papierfärbung: Hellgelb bedeutet, daß eine leichte Hitze erreicht wurde. Dunkelgelb bis hellbraun zeigt eine mittlere Hitze an, dunkelbraun eine starke bis sehr starke Hitze. Die durch diesen Test ermittelten Werte sollten Sie sich am Schalter markieren.

✷

Kochplatten abschalten

Kochplatten heizen nach dem Abschalten noch so gut, daß man sie etwa fünf Minuten vor Ende der Garzeit herunter- oder gar abschalten kann. Wer sich daran hält, spart im Laufe der Jahre viel Strom ein.

✷

Gemüse sparsam kochen

Man kann mehrere Gemüsesorten in einem Wasserbad gleichzeitig kochen, wenn jedes Gemüse in eine Alufolie gewickelt wird. So wird nicht nur Energie gespart, sondern auch Arbeit: Anschließend sind weniger Töpfe abzuwaschen.

✷

Richtige Topfgröße

Verwenden Sie immer Kochtöpfe, die genau auf die Herdplatten passen. Vergessen Sie außerdem nicht, beim Kochen den Topfdeckel aufzulegen.

✷

Heißes Spülwasser

Stellt man nach dem Kochen sofort einen Topf mit kaltem Wasser auf die noch heiße Herdplatte, so hat man nach dem Essen gleich heißes Wasser zum Spülen.

✷

LICHT

Viel weniger Strom

Energiesparlampen verbrauchen vier Fünftel weniger Strom als herkömmliche Lampen.

*

Licht abschalten

Daß es unnötig ist, in allen Zimmer Licht brennen zu lassen, ist bekannt. Trotzdem passiert es immer wieder.
Versuchen Sie, trotzdem an das Abschalten zu denken.

*

WEITERE HILFEN

Längere Brenndauer

Batterien verlängern ihre Brenndauer, wenn man sie auf die Heizung legt, sobald ihre Kraft nachläßt.

*

Eierkocher

Es lohnt sich, einen Eierkocher zu kaufen. Kocht man die Eier auf dem Herd, wird wesentlich mehr Strom verbraucht.

*

Platz in der Mülltonne

Umweltfreundlich ist es, den Müll möglichst so zusammenzudrängen, daß er weniger Platz einnimmt. Brausen Sie Pappkartons deshalb kurz vor dem Verstauen in Mülltonnen ab.

*

Energie-Spar-Lächeln

Für ein freundliches Gesicht, das den lieben Mitmenschen ein nettes Lächeln schenkt, müssen Sie lediglich 17 Muskeln anspannen. Schauen Sie aber böse mit einem genervten Stirnrunzeln in die Landschaft, dann ist dazu die schwere Arbeit von 43 Muskeln notwendig. Lassen Sie also die 26 Runzelmuskeln gemütlich ausspannen. Die sollten nur im Einsatz sein, wenn es mal wirklich nicht zu umgehen ist.

Bügeleisen bleibt heiß

Sie sollten zunächst diejenigen Kleidungsstücke bügeln, für die Sie weniger Hitze benötigen. Danach werden Baumwoll- und Leinensachen geglättet. Bevor Sie an die letzten zwei Hemden gehen, können Sie den Stecker des Bügeleisens aus der Dose ziehen. Das Bügeleisen bleibt noch lange heiß genug.

Gut lüften

Wer im Winter das Fenster auf Kippe stellt und dabei die Heizung laufen läßt, verschwendet viel Energie. Sinnvoller ist es, die Heizung zehn Minuten abzustellen und während dieser Zeit das Fenster zum Lüften des Raums weit aufzureißen.

*

Viel Spaß und gute Laune

Fröhliche Feste

GESCHIRR

Mit Nagellack betupfen

Da das Geschirr meiner Tochter meinem Geschirr gleicht, betupfe ich meine Teile mit einem Tupfer Nagellack, wenn ich sie ihr bei größeren Festlichkeiten ausleihe. Die Tupfer verschwinden nach dem Spülen mit Nagellackentferner.

✷

Kein Plastik

Sie sollten nach Möglichkeit kein Plastikgeschirr verwenden. Umweltfreundlicher ist es, normale Teller, Gläser und Bestecke aus der Küche zu benutzen.

✷

GRILLEN

Rost auf dem Grillrost

Ist der Grillrost verrostet, hüllt man ihn vollständig in Alufolie, wobei die glänzende Seite auf den Rost kommt. Drücken Sie die

Ränder der Folie fest zusammen. Legen Sie den so präparierten Rost zehn Minuten über die glühende Holzkohle. Abkühlen lassen, Folie entfernen, – der Rostbelag ist verschwunden.

✷

Mühelos reinigen

Legen Sie den heißen Grillrost auf den Rasen. Am nächsten Morgen läßt er sich mühelos reinigen.

✷

Salz löscht Flammen

Schlagen beim Grillen die Flammen hoch, streuen Sie einfach Salz darüber.

✷

Nägel in Kartoffeln

Folienkartoffeln werden viel schneller gar, wenn man durch jede Kartoffel der Länge nach einen (ungebrauchten) Nagel steckt. Das Metall leitet die Wärme, so daß sich die Garzeit verringert.

Mit Knoblauch würzen

Fleisch und Wurst kann man sehr pikant würzen, indem man ein bis zwei Knoblauchzehen zerdrückt und über die Holzkohle streut.

*

Fleisch vom Spieß

Wird der Spieß vor dem Aufstecken des Fleisches mit Öl eingerieben, läßt sich später das Fleisch leicht abziehen.

*

Blumentopf als Aschenbecher

Mit Sand gefüllte Blumentöpfe sind im Garten ideale Aschenbecher.

*

Fliegende Pappteller

Ärgerlich bei einer Gartenparty sind Pappteller, die durch die Gegend fliegen. Um dies zu vermeiden, klebt man unter jeden Teller ein Stück doppelseitiges Klebeband.

*

WEITERE HILFEN

Geschenk

Rollen Sie einen Geldschein fest zusammen und stecken Sie ihn in einen Luftballon. So verpacken Sie nett ein Geldgeschenk.

*

Getränke

Größere Mengen Getränke für die Party kühlt man am besten in der Badewanne: mit kaltem Wasser, in dem eine Handvoll Salz aufgelöst wurde.

*

Einweihung

Bringen Sie eine farbige Glühbirne vor Ihrer Haustür an. So finden die Gäste Ihr neues Heim sehr viel leichter.

*

Eiswürfel mit Rosenblatt

Legt man in jedes Eiswürfelfach ein Rosenblatt und gießt dann Wasser zum Einfrieren darüber, sieht jeder Drink hübscher aus.

✱

Eiswürfelbehälter

Eiswürfelbehälter frieren im Eisschrank nicht mehr fest, wenn Sie die Rückseite der Behälter mit Salatöl einreiben.

✱

Kindergeburtstag

Schreiben Sie die Einladung mit einem Filzschreiber auf bunte, aufgeblasene Luftballons. Lassen Sie anschließend die Luft entweichen, stecken Sie den Ballon in einen Briefumschlag, schicken Sie ihn ab. Nun muß jedes Kind erst seinen Luftballon aufblasen, um die Botschaft lesen zu können.

✱

Plastikfolie

Plastikfolie läßt sich mit einem warmen Bügeleisen schweißen, wenn man Seidenpapier zwischen Folie und Bügeleisen legt.

✷

Reste

Oft bleiben Speisereste nach einer Feier übrig, die Sie einfrieren möchten. Benutzen Sie statt Gefrierbeutel doch Dosen. Sie sind umweltfreundlicher, weil sie immer wieder verwendbar sind.

✷

Servieren

Silbertabletts überzieht man mit einer durchsichtigen Folie, so daß die zu servierenden Gläser nicht rutschen können. Eine feuchte Serviette auf dem Tablett hat den selben Effekt.

✷

Servierplatten

Zum Abdecken von metallenen Servierplatten sollte man nie Alufolie benutzen. Es entstehen chemische Verbindungen, die manchen Speisen einen bitteren Geschmack verleihen.

*

Sitzplätze

Wenn Sie mehr Personen einladen, als Sie Sitzplätze zur Verfügung haben, wird das Fest lebhafter.

*

Sicherheit & Sauberkeit

In der Garage

AUTO

Keine Plage mit Antennen

Autoantennen lassen sich mühelos zusammenschieben und bleiben sauberer, wenn sie von Zeit zu Zeit mit Kerzenwachs eingerieben werden.

*

Bremsen einfahren

Die Fahrzeugbremsen sollten vor einer TÜV-Vorführung nie neu belegt werden. Der Grund: Nicht eingefahrene Bremsen ziehen ungleich und können beanstandet werden.

*

Apfel reinigt die Luft

Wer im Auto viel raucht, sollte immer einen frisch halbierten Apfel dabeihaben. Der Grund: Der Apfel vertreibt den Rauchgeruch.

*

Sand im Aschenbecher

Etwas Sand im Auto-Ascher verhindert ein mögliches Nachglimmen der Zigarettenkippe.

*

Insekten auf der Scheibe

Verschmutzte Autoscheiben mit festgeklebten Insekten lassen sich mit einem feuchten Tuch und etwas Bullrich-Salz mühelos und schonend säubern.

*

Klar mit Kartoffeln

Die Windschutzscheibe bleibt klar, wenn man sie mit der frischen Schnittfläche einer rohen Kartoffel oder mit Essigessenz abreibt.

*

Öldosen aufschneiden

Scheinbar leere Öldosen geben immer noch Öl her, wenn man sie rundherum aufschneidet.

*

FAHRRAD

Wannenspray

Wenn man sein Rad auf Hochglanz bringen will, sprüht man es mit Wannenspray ein. Danach spritzt man es mit Wasser ab.

*

Vaseline

Die Fahrradspeichen rosten nicht mehr, wenn man sie mit Vaseline einreibt.

*

Es grünt so grün…

Im Garten

PFLANZENSCHUTZ

Ameisenplage

Wenn Ameisen zur Plage werden, gießt man kochendes Wasser über die Nester unter den Gartenplatten.

*

Ameisen in Blumenbeeten

Ameisen in Blumenbeeten oder -kästen vertreibt man erfolgreich mit Zitronenschalen oder -scheiben.

*

Asche gegen Blattläuse

Zigarettenasche am Rand der Topfpflanzen schlägt Blattläuse in die Flucht.

*

Tomaten vertreiben Mücken

Um lästige Mücken zu vertreiben, pflanzt man eine Tomatenpflanze in einen großen Topf und stellt ihn an die sonnigste Stelle. Die Plagegeister fliehen vor dem Geruch der Pflanze.

Tannenreisig gegen Schnecken

Tannenreisig und -nadeln vertreiben Schnecken aus dem Garten.

*

Schnecken lieben Bier

Beknabbern Schnecken ihre Pflanzen, graben Sie in der Nähe einen Becher mit Bier ein. Die Schnecke wird dem Geruch nachgehen und in dem Becher ertrinken.

*

Rebläuse vertreiben

Rebläuse verschwinden aus dem Weingarten, wenn man Tomaten zwischen die Reben pflanzt.

*

Goldschmied schlägt Tausendfüßler

Der fast drei Zentimeter große Goldlaufkäfer, der auch Goldschmied oder -henne genannt wird, ernährt sich von Insektenlarven, Tausendfüßlern, Würmern und Schnecken.

Zucker für Wespen

Werden die Wespen im Garten zur Plage, hilft nur eine Flasche mit Zuckersaft: Streichen Sie den Hals von innen mit Marmelade aus und stellen Sie die Flasche etwas abseits hin. Die Wespen fliegen dem süßen Geruch nach, fallen in die Flasche und ertrinken.

✱

Wühlmäuse meiden Knoblauch

Wühlmäuse verschwinden aus Ihrem Garten, wenn Sie Knoblauch anpflanzen. Sie mögen seinen Geruch nicht.

✱

BLÜTEN & PFLANZEN

Ein Strauß aus dem Garten

Wollen Sie Blumen für einen Strauß aus Ihrem Garten schneiden, sollten Sie folgendes beachten: Aufgeblühte Blumen frühmorgens, Knospen am Abend schneiden.

✱

Zum Blühen anregen

Legen Sie einige Apfelstückchen unter die Pflanzen, die nicht mehr blühen wollen. Stülpen Sie eine durchsichtige Plastiktüte darüber. Die aufsteigenden Gase der trockenen Apfelstückchen regen die Pflanzen wieder zum Blühen an.

✱

Alter Baumstumpf

So wird ein alter Baumstumpf zur Zierde: Schlagen Sie mit einer Axt einige Kerben in die Stammitte, füllen Sie diese mit guter Erde und setzen Sie kleine, blühende Pflänzchen hinein.

✱

Haarspray schützt Erika

Bevor ich Erikastöcke pflanze, besprühe ich sie mit Haarspray. So überstehen sie die Herbst- und Winterwitterung besser und erhalten bis zum Frühjahr ihre lila Farbe, ohne braun zu werden.

✱

Klematis winterfest

Eine Klematis wird winterfest, indem humusreiche Erde an der Pflanze hoch angehäuft und die Klematis etwa auf zwei Drittel zurückgeschnitten wird.

*

Rosen bis im Herbst

Rosensträucher können bis in den späten Herbst blühen. Der Trick: Die vollerblühten Rosen werden abgeschnitten, bevor sie entblättern.

*

Blumenzwiebeln kühl lagern

Bevor Blumenzwiebeln kräftig austreiben, müssen sie Kälte durchgestanden haben. Es genügt schon, wenn sie ein paar Tage im Kühlschrank liegen.

*

Kleinsträucher schneiden

Kleinsträucher und Herbstflieder blühen am besten, wenn sie vor dem Frühjahr radikal heruntergeschnitten werden. Das gilt auch für Ginster, Johanniskraut, Lavendel und Sonnenröschen.

*

GARTENARBEIT

Schmutzige Hände

Stark verschmutzte Hände wäscht man zuerst mit kaltem Wasser, denn bei heißem Wasser öffnen sich die Poren, so daß sich der Schmutz festsetzen kann.

*

Glyzerin für Gummistiefel

Gummistiefel bleiben stets weich und elastisch, wenn sie mit einigen Tropfen Glyzerin eingerieben werden.

*

GERÄTE

Leiter in Turnschuhe

Leiterfüße können nicht im Erdboden versinken, wenn sie in alten Turnschuhen stecken.

✷

Salatöl für Rasenmäher

Wurden die Messer des Rasenmähers mit Salatöl eingerieben, bleibt kein Gras mehr an ihnen kleben.

✷

Gartenschlauch überwintert

Lassen Sie etwas Glycerin durch Ihren Gartenschlauch laufen. So bleibt er auch über den Winter geschmeidig. Er sollte kühl und frostfrei aufbewahrt werden.

✷

Kein Rost am Spaten

Gartenwerkzeuge rosten während des Winters nicht, wenn sie zuvor mit Petroleum eingepinselt wurden.

MÖBEL

Sonnenschirm verschließen

Steht die Sonnenschirmstange ständig im Freien, läuft Regenwasser hinein. Ein Korken als Verschluß schafft Abhilfe.

*

Feucht halten

Möbel aus Weidegeflecht brauchen Luftfeuchtigkeit. Im Winter sollten Sie daher einen Luftbefeuchter benutzen.

*

UMPFLANZEN

Wurzelhals nicht miteingraben

Obstbäume bedanken sich mit einem reichen Ertrag, wenn man den Wurzelhals nicht miteingräbt. Die Wurzeln selbst mögen ein reichlich bemessenes Pflanzenloch.

*

Hafer hilft

Damit Bäume und Sträucher beim Umpflanzen besser anwachsen, sollten Sie etwas Hafer in das Erdreich geben.

*

Gute Maulwurferde

Die Erde von Maulwurfhügeln eignet sich hervorragend als Blumenerde für Kästen und Töpfe.

*

UNKRAUT

Rasen ohne Moos

Wird Asche über Moos im Rasen gestreut, verschwindet es.

*

Salz in die Fugen

Terrassenfliesen bleiben unkrautfrei, wenn man etwas Salz in die Fugen gibt.

*

WEITERE HILFEN

Kaminholz trocken lagern

Holz für den Kamin sollte mindestens zwei Jahre trocken gelagert werden. Da Haushaltsschornsteine keine Filteranlagen besitzen, steigt bei unsachgemäß gelagertem Holz giftiger Qualm auf und verunreinigt die Luft.

*

Tomatenkerne sammeln

Hobbygärtner sollten schon im Winter Tomatenkerne trocknen, die dann im Frühjahr ausgesät werden.

*

Selbstgemachtes Vogelfutter

So können Sie Vogelfutter herstellen: Kokosfett oder preiswerte Margarine in einem Topf erwärmen und mit Haferflocken auffüllen. Kurz durchziehen lassen, abkühlen, in leere Joghurtbecher geben und die Becher draußen aufhängen.

Ein Brunnen für die Vögel

Ist der Vogelbrunnen die einzige Wasserfläche im Garten, kann man aus Glassteinen oder Betonformteilen, selbst mit einem flach abgeschnittenen Autoreifen, hübsche Wirkungen erzielen.

Besser ist natürlich ein aus Ton oder Zement der Umgebung naturnah angepaßtes, kleines Gewässer.

*

Trockenblumen richtig aufhängen

Trockenblumen schneidet man, kurz bevor sich die Blumen voll geöffnet haben, und hängt sie sofort umgekehrt an einem luftigen und schattigen Platz auf.

*

Stacheln, Splitter, Sonnenbrand

Rund um die Gesundheit

A – Z

Brandwunden

Brüh- und Brandwunden sollte man schnell mit Eiweiß benetzen, denn es kühlt und heilt schneller als kaltes Wasser.

✷

Dritte Zähne

Viele Zahnprothesenträger haben morgens beim Einsetzen der Zähne mit lästigem Brechreiz zu kämpfen. Wer ein halbes Glas kaltes Wasser trinkt, sorgt dafür, daß der Brechreiz im Nu verschwindet.

✷

Eisbeutel

Anstatt eines Eisbeutels nehme ich einen feuchten Waschlappen, den man vor Gebrauch kurz ins Gefrierfach legt. Er bietet den Vorteil, daß er leichter ist. So kann man ihn besser der schmerzenden Stelle anpassen.

✷

Fischgräte verschluckt

Hat man eine Gräte verschluckt, trinkt man ganz langsam etwas dünnen Essig oder den Saft einer Zitrone. Die Gräte wird dadurch weich und stört nicht mehr.

✷

Halsschmerzen

Bei starken Halsschmerzen sollten Sie eine heiße Pellkartoffel zu Brei zerdrücken, in ein Tuch legen und um den Hals binden. Danach ein trockenes Handtuch darauflegen.

✷

Hornhaut

Verhärtete, verhornte oder rauhe Ellenbogen sollten Sie regelmäßig mit Buttermilch einreiben. Nach einigen Tagen sind sie wieder glatt.

✷

Husten

Husten läßt nach, wenn Sie warme, zerdrückte Kartoffeln als Packung 20 Minuten auf den Brustkorb legen und einwirken lassen.

Insektenstiche

Legen Sie ein feuchtes Stück Würfelzucker auf Insektenstiche. Es entzieht das Gift.
Bei starker Schwellung sollten Sie allerdings einen Arzt aufsuchen.
Wenn eine Mücke gestochen hat, hilft es, ein bis zwei Teelöffel Salz in kaltes Wasser zu geben und leicht auf den Stich aufzutragen.
Juckende Mückenstiche kann man aber auch mit Zitronensaft oder verdünntem Salmiakgeist bestreichen. Wespenstiche heilen schnell, wenn man frische Petersilie auf ihnen verreibt.

*

Kopfschmerzen

Bei Kopfschmerzen hilft eine salzige Brühe sofort.

*

Pflaster entfernen

Ohne Schmerzen läßt sich ein Pflaster entfernen, wenn man ein kleines Tuch in Babyöl tränkt und es über die Klebestelle streicht.

Pille rutscht besser

Tabletten, Pastillen und Kapseln rutschen besser, wenn man sie mit einem Stückchen Banane schluckt.

*

Rauhe Hände

Rauhe Hände werden wieder weich, wenn man einen halben Teelöffel Zucker auf die Handflächen streut und Babyöl darüber verteilt. Einige Minuten einmassieren. Anschließend die Hände mit Seife waschen.

*

Schlaflosigkeit

Ein Becher heiße Milch mit Honig und einem Eigelb hilft gegen Schlaflosigkeit.

*

Schlank durch Wasser

Ein vorzügliches und unschädliches Schlankheitsmittel: Trinken Sie jeden Morgen nüchtern ein Glas abgestandenes Wasser mit dem Saft einer Zitrone und einer Prise Salz.

Schluckauf

Schluckauf kann so extrem und lästig sein, daß alle Hausmittel versagen. Hundertprozentig verschwindet er, wenn man den Finger in den Mund steckt und sich übergibt. Wer oft unter Schluckauf leidet, wird diesen Tip enorm zu schätzen wissen.

*

Schnittwunden

Kleine Schnittwunden können Sie mit Zahnpasta bestreichen. Die Blutung wird sofort gestillt.

*

Sodbrennen

Sodbrennen verschwindet schnell, wenn man langsam ein Stück einer rohen Kartoffel oder vier bis fünf Mandeln zerkaut.

*

Sonnenbrand

Legen Sie rohe, reife Tomatenscheiben auf die sonnenverbrannte Haut. Sie lindern den Schmerz und heilen.

*

Splitter entfernen

Wenn man einen Splitter im Finger nicht sehen kann, betupft man die Stelle mit Jod. Der Splitter verdunkelt sich, ist deshalb leicht zu erkennen und kann mühelos entfernt werden.

*

Stacheln

Um einen Kakteenstachel aus der Haut zu entfernen, gibt man flüssiges Wachs auf die Stelle. Das Wachs taucht man kurze Zeit in kaltes Wasser. Wenn man es danach abzieht, wird auch der Stachel herausgezogen.

*

Wärmflasche

Das Wasser in der Wärmflasche hält sich länger warm, wenn man etwas in Weinessig aufgelöstes Salz einfüllt.

✷

Zahnfleischentzündung

Das Kauen frischer Salbeiblätter hilft wirksam gegen Zahnfleischentzündungen.

✷

Zahnschmerzen

Petersiliensamen sind ein altes und wirksames Mittel gegen Zahnschmerzen. Einen Teelöffel Samen mit einer Tasse kochendem Wasser übergießen, durchsieben und damit den Mund spülen.

✷

Zahnweiß

Reiben Sie bei bräunlichen Zähnen oder leichtem Zahnstein die Zähne mit frischen oder getrockneten Salbeiblättern gründlich ab.

Gegen trockene Kehlen

Getränke

ALKOHOLISCHES

Alufolie für Sektflaschen

Die Kohlensäure läßt sich bei angebrochenen Sektflaschen konservieren, indem man Alufolie über den Flaschenhals stülpt.
Noch nach Tagen schmeckt der Sekt frisch. Kurzfristig bleibt die Kohlensäure auch erhalten, indem man einen langstieligen Metallöffel in die offene Flasche stellt.

✷

Überschäumender Sekt

Oft schäumt Sekt beim Öffnen der Flasche über. In solchen Fällen sollten Sie schnell den Stiel eines Kaffeelöffels in den Flaschenhals stecken.

✷

Sektflasche verschließen

Auch eine Sektflasche läßt sich wieder verschließen: Schneiden Sie vier kleine Kerben in den Korkstopfen. Schon paßt er wieder in den Flaschenhals.

✷

Kühle Bowle

Mit diesem Trick bleibt jede Bowle kühl: Man füllt eine Plastiktüte mit mehreren Eiswürfeln und befestigt die Tüte am Gefäßrand. Die Eiswürfel kühlen, ohne die Bowle zu verwässern.

✷

Viel Schaum

Werden die Biergläser in leicht gesalzenem Wasser gereinigt, bekommt das später eingefüllte Bier eine herrliche Krone.

✷

Weinreste

Es lohnt sich, Weinreste in Eiswürfelfächern einzufrieren, um mit dem Wein bei Gelegenheit Soßen zu verfeinern.

✷

Kein Korkenzieher?

Lassen Sie heißes Wasser über den Flaschenhals laufen. Die erwärmte Luft unter dem Korken drückt diesen heraus.

Luftdicht verschließen

Eine Flasche läßt sich wieder luftdicht verschließen, wenn man den Korken vorher in kochendes Öl legt.

*

Farbige Eiswürfel

Pressen Sie Orangen, Zitronen oder Blutorangen aus. Stellen Sie den Saft im Eiswürfelbehälter in das Tiefkühlfach. Die bunten Eiswürfel sehen sehr dekorativ aus und schmecken gut.

*

KAFFEE

Gutes Aroma

Kaffee schmeckt aromatischer, wenn dem Pulver eine Prise Kakao oder Zimt zugegeben wird.

*

Besonderer Pfiff

Einen besonderen geschmacklichen Pfiff erhält Kaffee durch einen Riegel Schokalade im Filter.

KAKAO

Milch brennt nicht an

Wenn Sie den Topf kalt ausspülen, bevor Sie die Milch erwärmen, brennt sie nicht an.

*

Keine Haut

Wenn man beim Kochen mit einem Schneebesen den Kakao rührt, bis er schaumig wird, bildet sich anschließend keine Haut.

*

Mit Zucker mischen

Kakao läßt sich leichter in die Milch einrühren, wenn man ihn vorher mit Zucker mischt.

*

MILCH

Mit Eiswürfeln abschrecken

Wenn ich heiße Milch mit einem Eiswürfel abschrecke, bildet sich keine Haut.

Übergekocht

Wie ärgerlich: Die Milch ist übergekocht. Nehmen Sie den Topf sofort von der Herdplatte, wischen Sie die übergekochte Milch mit einem feuchten Tuch weg und geben Sie einige kräftige Spritzer Essig auf die Herdplatte.

*

Silberner Löffel

Wenn man über den Topf einen silbernen Löffel legt, kocht die Milch garantiert nicht über. Das Überkochen vermeidet man auch, indem man den oberen Innenrand des Topfes mit etwas Butter bestreicht.

*

Vorrat im Eisfach

Um immer einen Vorrat an Milch im Haus zu haben, fülle man Eiskugelbeutel mit Milch und friere sie ein. So kann man die benötigte Menge jederzeit entnehmen.

Sauer geworden

Milch, die sauer geworden ist, schüttet man in eine Filtertüte. Nach einigen Stunden wird daraus Quark.

✷

Kein Kleckern

Oft wird gekleckert, wenn Milch aus Tüten geschüttet wird. Das Getränk fließt gleichmäßiger, wenn am gegenüberliegenden Ende der Ausgußtülle zwei kleine Löcher ausgeschnitten werden.

✷

Kondensmilch umfüllen

Kondensmilch darf man nach dem Öffnen nicht in der Dose lassen, weil die Metalle sonst mit der Milch eine Verbindung eingehen können. Füllen Sie die Milch deshalb in ein Porzellangefäß um.

✷

TEE

Muntermacher

Soll der Tee munter machen, darf er nur zwei bis vier Minuten ziehen.

*

Beruhigend

Tee, der beruhigen soll, bleibt vier bis sechs Minuten stehen.

*

Schleifen, Schneiden, Schrauben

Heimwerker & Handarbeit

BOHREN

Keine Probleme mit Rohren

Bei Neu- und Umbauten sollte man alle elektrischen Leitungen und alle Wasserleitungen fotografieren. Wenn man später Löcher in die Wände bohren möchte, weiß man die Fotos zu schätzen.

*

Fliesen platzen nicht

Damit der Bohrer auf den Fliesen nicht verrutscht und die Fliesen nicht platzen, klebt man einen Streifen Tesakrepp auf die Stelle, in die gebohrt werden soll.

*

Terpentin auf Glas

Will man ein Loch in dünnes Glas bohren, gibt man etwas Terpentin auf die betreffende Stelle und bohrt das Glas mit einem Stahlbohrer vorsichtig durch.

*

Dübeln ohne Schmutz

Beim Bohren von Löchern im Mauerwerk entsteht kein Staub, wenn man die Düse eines laufenden Staubsaugers direkt darunter hält.

*

Korkenzieher für Dübel

Alte Dübel kann man sehr gut mit einem Korkenzieher aus der Wand ziehen.

*

ENTSPIEGELN

Haarspray hilft

Reflektierende Fernsehbildröhren kann man preiswert entspiegeln, indem man sie mit billigem Haarspray gleichmäßig von links nach rechts in einem Abstand von ca. 30 Zentimetern einsprüht.

*

Folie für Bilderglas

Das lästige Spiegeln auf Bilderglas vermeidet man, wenn man eine Klarsichtfolie auf der Innenseite der Scheibe glatt aufstreicht.

✱

FARBEN & PINSEL

Eingeseifte Fenster

Hat man kein Tesakrepp zum Abkleben zur Hand, nimmt man ein Stück weiche Seife und reibt mit ihr die Glasränder ein. Der Grund: Die Farbe bleibt auf der Seife nicht haften.

✱

Streichen ohne Spritzer

Werden die Scheiben vor dem Streichen der Fensterrahmen mit Essigwasser abgerieben, lassen sich die Farbspritzer nachher mit einem feuchten Lappen mühelos entfernen.

✱

Fast unsichtbarer Fensterkitt

Vermischen Sie den Kitt mit der Farbe, die auch die Rahmen haben sollen. So wird er fast unsichtbar.

*

Tropfenfänger

Will man die Decke streichen, sich dabei aber nicht mit Farbe besudeln, nimmt man ein Stück Pappe, das sowohl 50 Zentimeter breit und hoch ist. Man schneidet ein Loch in die Mitte der Pappe, die man über den Griff der Rolle schiebt. So hat man einen Schutz-Schirm gegen Farbspritzer.

*

Milch bindet Farbe

Weiße Deckfarbe, die dick geworden ist, verdünne ich mit Magermilch. Danach streicht sie sich leichter und bindet besser.

*

Malerfarbe sieben

Wenn Malerfarbe klumpig geworden ist, gieße ich sie durch einen alten Nylonstrumpf, bevor ich sie verwende. Eine andere Möglichkeit: Schneiden Sie aus einem Drahtnetz (Fliegengitter) einen Kreis, der etwas kleiner ist als der Dosendeckel. Legen Sie ihn auf die Farbe. Wenn das Netz dann langsam absinkt, zieht es alle Klumpen auf den Boden.

*

Kein Vergilben

Weiße Farbe vergilbt nicht mehr, wenn man ihr einen Tropfen schwarzer Farbe beigibt.

*

Keine Haut

Stülpt man die gut verschlossene Farbdose nach dem Streichen einfach auf den Kopf, bildet sich keine Haut.

*

So schließen Dosen besser

Ränder von Farbdosen werden immer wieder durch das Abstreifen des Pinsels verschmutzt. Dadurch schließt der Deckel nicht mehr gut, so daß die Farbe austrocknet.
Um dies zu vermeiden, sollte man einen Klebestreifen quer über der Dose anbringen und den Pinsel nur an diesem abstreifen. Wird nach dem Streichen der Klebestreifen abgezogen, ist die Dose noch sauber.

✷

Vermerk auf Dose

Will man Farbreste aufheben, sollte man Farbton und Menge immer außen auf der Dose vermerken. So muß man bei Bedarf nicht jede Dose öffnen, wodurch unnötig Luft an die Farbe käme.

✷

Wasser schützt

Ölfarbe in Dosen bedeckt man nach dem Gebrauch mit einer Schicht Wasser und schließt sie luftdicht ab, damit der Farbrest nicht eintrocknet. Will man die Farbe wieder gebrauchen, schüttet man das Wasser einfach wieder ab.

✱

Steckdosen beschriften

Wieviel Farbe hat man für jedes Zimmer verbraucht? Nach dem Anstrich schreibt man den Verbrauch auf die Rückseite der Schalter oder Steckdosen. So vermeidet man bei einem späteren Neuanstrich die Gefahr, zu viel Farbe einzukaufen.

✱

Creme spart Mühe

Vor Malerarbeiten, insbesondere vor dem Streichen von Decken, sollte man sich Gesicht, Hände und Arme mit einer Fettcreme einreiben. Das erspart hinterher das mühevolle Saubermachen.

Salz gegen Farbe

Haben Sie gerade Ihre Wohnung gestrichen? Möchten Sie nun den Geruch von frischer Farbe loswerden? Stellen Sie einfach ein paar Gefäße mit Salzwasser auf. Schon nach zwei Stunden riechen Sie kaum noch Farbe.

*

Klarer Lack

Türschilder werden nicht mehr blind, wenn man sie mit klarem Lack überzieht.

*

Eisen streichen

Um ein Schmiedeeisen zu streichen, sollte man keinen Pinsel, sondern ein kleines Schwammstückchen benutzen. Der Grund: Mit dem Schwamm kommt man auch in die kleinsten Öffnungen.

*

Haarausfall bei neuen Pinseln

Vor dem Streichen sollten Sie den neuen Pinsel kräftig mit einem Kamm durchkämmen. So fallen lose Borsten nicht mehr beim Streichen ab. Sie haaren auch dann kaum noch, wenn man sie vor dem ersten Gebrauch kurz in kochendes Wasser legt.

*

Plastiktüte spart Terpentin

Pinsel und Rolle werden nach dem Streichen in eine Plastiktüte gelegt. Ist die Plastiktüte gut verschlossen, sind die Pinsel und die Rolle auch nach Tagen noch weich und gebrauchsfähig. Auf diese Weise wird das Auswaschen mit Terpentin gespart.

*

Pinsel einfrieren

Dauert die Lackierarbeit mehrere Tage, spart man sich das Auswaschen, indem man die Pinsel nach dem Streichen in Folie wickelt und einfriert. Vor dem weiteren Arbeiten eine Stunde auftauen lassen.

Shampoo für den Pinsel

Mal- und Schulpinsel bleiben geschmeidig, wenn man sie nach dem Gebrauch in Haarshampoo auswäscht.

✷

GIPS

Richtig anrühren

Wenn man Gips ins Wasser rührt, statt Wasser in Gips zu geben, erzielt man zwei Vorteile: Zum einen entstehen keine Klumpen, zum anderen ist die Masse länger gebrauchsfähig.
Gips wird nicht so schnell hart, wenn man ihn mit Essig, Sodawasser oder Spiritus anrührt. Auch Zitronensaft verlangsamt das Abbinden. Soll Gips aber schnell hart werden, gibt man etwas Salz hinzu.

✷

Spritztüte für Dübelmasse

Gips und Dübelmasse lassen sich gut verarbeiten, wenn der angerührte Brei in eine stabile Plastiktüte gefüllt wird. Durch eine abgeschnittene Ecke läßt er sich einfach in Löcher und Fugen spritzen.

✱

HANDARBEIT

Zuschneiden von Stoffen

Nimmt man die linke Seite eines Wachstuches als Unterlage, können Stoffe beim Zuschneiden nicht mehr verrutschen. Gleichzeitig wird die Tischplatte vor Kratzern geschützt.

✱

Viele Knoten

Machen Sie bei feinen Stoffen einen Knoten schon nach wenigen Stichen, denn der Faden reißt leicht. In einem solchen Fall müssen Sie nur ein kurzes Stück nachnähen.

✱

Leder problemlos nähen

Will man Ledersachen nähen, reibt man den Baumwollfaden vorher mit Paraffin ein. Auch Bienenwachs eignet sich. Der Faden läßt sich so nicht nur leichter verarbeiten, sondern ist auch viel haltbarer.

✷

Kragen für Pullis

Bevor man eine Bluse wegwirft, schneidet man zunächst den Kragen weit aus und säumt ihn um. So hat man einen weiteren Kragen für Pullis.

✷

Rundstricknadeln

Rundstricknadeln behalten ihre Form, wenn man sie kurz in heißes Wasser taucht.

✷

Gardinenröllchen

Beim Stricken von Raglanärmeln helfen Gardinenröllchen: So merkt man, ohne hinzusehen, wann man abnehmen muß. Außerdem lassen sich die Röllchen leicht nachstecken.

HOLZ

Klebeband zum Sägen

Wenn man furnierte Holzteile durchsägen muß, sollte man erst Klebeband über die Schnittstelle kleben: So kann nichts splittern. Außerdem bleibt die Schnittstelle glatt und sauber.

*

Holzschrauben

Holzschrauben sollte man vor dem Einschrauben in Tischlerleim oder Klebstoff tauchen, damit sie fest sitzen.

*

Möbel verschieben

Um schwere Möbel leicht verschieben zu können, legt man eine rohe Kartoffelscheibe oder ein Stück Speck unter alle vier Ecken – und schon geht's wie geschmiert.

*

KNARREN & KLEMMEN

Betten

Wenn das Bett knarrt, heben Sie den Einsatz mit dem Metallkern heraus. Legen Sie Lederreste unter alle vier Ecken.

*

Bettfedern

Quietschende Bettfedern können den Schlaf erheblich stören. Reiben Sie die Federn deshalb mit Möbelpolitur ein.

*

Dielen

Streut man Talkumpuder in die Dielenritzen, findet das lästige Knarren ein Ende.

*

Rolläden

Rolläden an den Fenstern klappern nicht mehr, wenn man einen Korken zwischen Fensterrahmen und Rolladenschiene klemmt.

Schlüssel

Läßt der Schlüssel sich schwer im Schloß drehen, wird er mit warmem Wasser abgewaschen und gut abgetrocknet. Dann mit Paraffin einreiben – niemals mit Öl.

*

Steckrohre

Klemmt einmal das Steckrohr des Staubsaugers, übergießen Sie es mit heißem Wasser.

*

Türen

Wenn die Türen knarren, sollten sie nicht geölt werden. Reiben Sie stattdessen die Gelenke mit etwas Vaseline ein. Sie trocknet nicht so schnell aus wie Öl. Übrigens: Eingangstüren fallen wesentlich leichter ins Schloß, wenn man die schräge Fläche des Schnappers kräftig mit Bleistift überkritzelt.

*

NÄGEL

Putz bricht nicht aus

Bevor man einen Nagel in die Wand schlägt, klebt man einen durchsichtigen Klebestreifen in Form eines "X" über die gewünschte Stelle. Dieser Trick verhindert, daß der Putz beim Einschlagen des Nagels herausbricht.

*

In Holz schlagen

Will man Nägel in Holz anbringen, schlägt man vorher mit dem Hammer die Nagelspitze stumpf. So spaltet sich das Holz nicht.

*

Haarclips für die Finger

Beim Einschlagen der Nägel gibt es oft blaue Finger. Das muß nicht sein. Halten Sie die Nägel nicht mit den Fingern, sondern mit Haarclips fest.

*

Klebeband füllt Loch

Sitzt ein Nagel locker in der Wand, umwickelt man ihn einfach mit etwas Klebeband. Wenn man ihn dann wieder einschlägt, kräuselt sich das Band und füllt das Loch.

✷

Nägel ohne Rost

Eisennägel schützt man vor Rost, indem man sie bis zur Glut erhitzt und dann in kaltes Öl wirft.

✷

Kleine Löcher

So werden alte Nagellöcher wieder unsichtbar: Stecken Sie ein mit Watte umwickeltes Streichholzstückchen hinein und streichen Sie mit der passenden Farbe darüber.

✷

ROST

Heißes Öl

Rostflecken an Eisenteilen kann man am einfachsten mit heißem Öl entfernen.

Terpentin

Rostige Schlüssel lege ich einige Zeit in Terpentin. Hinterher kann ich den Rost einfach mit einem trockenen Lappen abreiben.

✷

Holzschutzlasur

Unlackierte Werkzeuge kann man wirksam gegen Rost schützen, wenn man sie mit einer Holzschutzlasur anstreicht.

✷

SÄGEN, SCHLEIFEN & SCHNEIDEN

Seife für die Säge

Reibt man das Sägeblatt leicht mit etwas Kernseife ein, wird das Sägen zum Kinderspiel.

✷

Sägemehl zum Fegen

Mit Sägemehl kann man wunderbar Keller, Garage und Dachboden ausfegen, ohne daß es staubt.

Schaumstoff schneiden

Schaumstoff läßt sich mit einem elektrischen Messer mühelos schneiden.

*

Blanke Scheren

Scheren werden wieder blank, wenn man sie mit einer Masse aus Kleie, Wasser, Essig und Salz einreibt.

*

Glasschneider

Der Glasschneider faßt besser, wenn man die Schnittlinien vorher mit einem öl- oder terpentingetränkten Lappen bestreicht.

*

Blumentopf als Schleifstein

Rasiermesserscharf kann man Messer am Rand eines Blumentopfes schleifen. Dabei sollte die Schneide ganz flach am Rand entlanggeführt werden.

*

Flaschenhals springt ab

Flaschenhälse oder Glaszylinder kann man glatt abschneiden, indem ein in Terpentin getränkter, aber nicht triefender Wollfaden um die Stelle gebunden wird, an der schließlich der Bruch erfolgen soll. Dann wird der Faden angezündet. Sobald er abgebrannt ist, wird das noch heiße Glas in kaltes Wasser getaucht.
Sofort bricht das Glas glatt auseinander.

✱

SCHRAUBEN

Problemlos lösen

Um Schrauben, die sich sehr schlecht lösen, entfernen zu können, erhitzt man den Schraubenzieher.

✱

Schraube locker?

Ist die Schraube zu locker, sollte sie wieder herausgedreht werden. Dann wird ein Streichholz oder ein Holzspan in das Dübelloch gesteckt, bevor die Schraube wieder fest angezogen wird.

Schraubenzieher rutscht ab

Reiben Sie die Spitze des Schraubenziehers mit etwas Kreide ein, um zu vermeiden, daß er abrutscht.

✱

Nagellack fixiert Schräubchen

Wenn sich die Schräubchen im Brillengestell ständig lösen, sollte man nach dem Festdrehen einen Tropfen farblosen Nagellack auf jeden Schraubenkopf geben. Die Schrauben bleiben dann fest.

✱

TAPETEN

Essig und Kleister

Alte Tapeten lösen sich schnell, wenn man sie mit einer Essiglösung bestreicht (drei Tassen Essig auf ca. zehn Liter heißes Wasser). Alte Tapeten lassen sich besser von den Wänden lösen, wird dem Einweichwasser etwas Tapetenkleister zugegeben. Das Wasser rinnt nicht so schnell ab und wird von den Tapeten besser aufgenommen.

Weniger Müll

Abgerissene Tapeten füllen ganze Säcke. Das muß nicht sein. Legen Sie die Tapetenreste in eine Wanne, um sie einzuweichen. Wenn Sie anschließend das Wasser ausdrücken, bleibt nur noch ein so geringer Teil übrig, daß er in jeder Mülltonne Platz findet.

*

Rutschfest

Um das Verrutschen der Tapeten beim Zuschneiden und Einkleistern zu verhindern, befestigt man sie mit zwei Tischtuchklammern an jedem Ende des Tapeziertisches.

*

Rauhfaser abkleben

Will man Rauhfaser mit Tesakrepp abkleben, um einen sauberen Abschluß für eine zweite Farbe zu bekommen, sollte man sie vorher mit Binderfarbe oder Latex streichen. Anschließend läßt sich das Tesakrepp mühelos entfernen, ohne die Rauhfaser zu beschädigen.

Wasserdicht

Um Rauhfasertapeten im Bad wasserdicht zu machen, streicht man sie mit Kunstharzlack.

*

Tapeziertisch wie neu

Befreien Sie den Tapeziertisch nach der Arbeit am besten mit einem Spachtel von Kleisterresten. Wischen Sie anschließend feucht nach.

*

Kleister aufbewahren

Geben Sie Reste von Tapetenkleister in ein kleines Glas mit Schraubverschluß. So können Sie den Kleister gut aufbewahren und ihn eventuell zum Ausbessern sich lösender Tapetennähte verwenden.

*

WEITERE HILFEN

Risse überdecken

Kleine Risse und Löcher in weißen Wänden kann man mit Zahnpasta überdecken.

Lästiger Grünspan

Grünspan läßt sich mit Essigwasser leicht entfernen.

*

Straffes Fliegengitter

Wenn man ein Fliegengitter aus Kunststoff vor dem Bespannen einige Stunden in Wasser legt und anschließend auf dem stabilen Rahmen befestigt, ist es nach dem Trocknen straff und faltenlos.

*

Vorbeugen ist besser

Bevor man einen Gegenstand, der aus vielen kleinen Teilen besteht, auseinandernimmt, klebt man ein doppelseitiges Klebeband auf die Arbeitsplatte. Dann legt man die Teile in der selben Reihenfolge, in der sie herausgenommen wurden, auf das Band. So entstehen beim Zusammensetzen keine Schwierigkeiten. Nichts geht verloren.

*

Gläser sparen Platz

In der Heimwerkstatt ist meist zu wenig Platz. Trotzdem kann man Ordnung halten: Ich habe die Schraubdeckel von Gläsern an der Decke befestigt. Die mit Dübeln und Schrauben gefüllten Gläser lassen sich mühelos an- und abschrauben.

*

Feuchter Keller

In feuchten Kellern und Räumen empfiehlt es sich, Brocken von gebranntem Kalk auszulegen. Sie nehmen die Feuchtigkeit auf und verhindern Pilz- und Schimmelbildung.

*

Filter für Kellerfenster

Kellerfenster mit separat zu öffnenden Glas- und Gitterfenstern bleiben staubfrei, wenn man eine alte Nylonstrumpfhose vor das Stahlgitter spannt. So wird auch Insekten der Zutritt verwehrt.

*

Ausgelaufenes Heizöl

Ist im Keller Heizöl ausgelaufen, sollten Sie schnell Waschpulver darüberstreuen. Es saugt das Heizöl sofort auf.

*

Lastenheber

Schwere Lasten wie etwa Möbel oder Mülltonnen lassen sich problemlos mit einem Skateboard transportieren.

*

Klebende Gummihandschuhe

Wenn Gummihandschuhe an den Händen kleben, lassen Sie etwas kaltes Wasser darüber laufen. Danach lösen sie sich ganz leicht. Nach dem Ausziehen waschen Sie Ihre Hände mit warmen Wasser, um die Durchblutung wieder anzuregen.

*

Undurchsichtige Scheiben

Wenn man Scheiben an Türen und Fenstern undurchsichtig haben möchte, sollte man ein halbes Pfund Salz in einem viertel Liter Weißbier auflösen und die Scheibe damit bestreichen. Diese Methode hat den Vorteil, daß man die Scheibe abwaschen kann, wenn sie wieder durchsichtig werden soll.

*

Leuchtende Lichter

Kerzentricks

KERZENHALTER

Heißes Wasser

Wenn Kerzen für den Halter zu dick sind, tauche man die Enden kurz in kochendes Wasser. Anschließend lassen sie sich ganz leicht einpassen.

*

Zu dünn

Ist die Kerze zu dünn für den Halter? Kleben Sie einfach ein Stückchen Knetmasse unter die Kerze. Dann steht sie fest.

*

WACHSRESTE

Wachs ausbügeln

Legen Sie Löschpapier unter und über den Wachsflecken und streichen Sie mit einem warmen Bügeleisen darüber. Das Papier saugt das Fett auf.

*

Waschbenzin hilft

Gegen Wachsreste, die beim Bügeln nicht herausgehen, hilft Waschbenzin.

*

Kerzenhalter in die Kälte

Wachsreste lassen sich von Kerzenhaltern mühelos entfernen, nachdem der Halter einige Zeit im Tiefkühlfach gestanden hat.

*

Kerzenständer in den Backofen

Wachsflecken auf metallenen Kerzenständern verschwinden am einfachsten im Backofen, indem man saugfähiges Papier unterlegt, kurz auf ca. 100 Grad anheizt und das Wachs schmelzen läßt.

*

WEITERE HILFEN

Langsam abbrennnen

Kerzen brennen wesentlich langsamer herunter, wenn sie vor dem ersten Anzünden einige Stunden im Gefrierfach lagen.

Wachstropfen

Legen Sie Ihren Kerzenvorrat einen Tag lang in Eiswasser und lassen Sie ihn danach gründlich trocknen. Die Folge:
Die Kerzen tropfen nicht mehr.

*

Preiswerte Duftkerzen

So stellen Sie preiswerte Duftkerzen her: Abgebrannte Kerzenreste erwärmen, einige Tropfen Parfüm- oder Aromabacköl zugeben, die warme Masse in kleine Förmchen oder Blumenübertöpfe gießen, danach den Baumwollfaden in die Mitte der Masse stecken und festhalten, bis das Wachs abgekühlt ist.

*

Kein Bröckeln

Damit Kerzen auf eine Spitze im Leuchter gestellt werden können, bohrt man vorher mit einem angewärmten Nagel ein Loch in das Wachs. So bröckeln die Kerzen nicht.

*

Nicht nur Geduldssache

Kleben & Rutschen

AUFKLEBER

Der Fön hilft

Alte Aufkleber lassen sich leicht abziehen, wenn man sie mit einem Fön erwärmt. Sie sollten den Fön nicht zu nahe an die Aufkleber halten und ihn ständig bewegen. Eventuelle Reste können dann mit Benzin oder Nagellackentferner abgewaschen werden.

*

Mit Essig bestreichen

Alte Aufkleber sind leicht zu entfernen, wenn man sie mehrmals mit Essig bestreicht und ihn einwirken läßt. Reiben Sie die Aufkleber dann vorsichtig ab.

*

Radiergummi gegen Etiketten

Preisetiketten lassen sich manchmal sehr schlecht entfernen. Mit einem harten Radiergummi aber geht das fix und sauber.

*

Flaschenetiketten

Will man das Etikett von einer Flasche lösen, befeuchtet man es, bevor man es kurz über eine Flamme hält.

✱

Klebestreifen auf Geschenkpapier

Klebestreifen kann man leicht abziehen, wenn man mit einem heißen Bügeleisen über sie streicht. Das Geschenkpapier kann beispielsweise so abermals verwendet werden.

✱

Angeklebtes Papier

Kratzen Sie Papierreste, die auf Holz kleben, nicht mit dem Messer ab. Geben Sie stattdessen Speiseöl tropfenweise auf das Papier. Lassen Sie das Öl einwirken. Dann reiben Sie das Papier vorsichtig ab.

✱

Kissen leicht in die Hülle

Schaumstoffkissen lassen sich leicht in die Hülle stecken, wenn man sie vorher mit einer Plastikfolie überzieht, die man zum Schluß wieder herausziehen kann.

*

BRIEFMARKEN

Auseinanderbügeln

Wenn Briefmarken zusammenkleben, sollten Sie mit einem warmen Bügeleisen über sie streichen.

*

Umschlag anfeuchten

Aufgeklebte Briefmarken lösen sich leicht, wenn man die Innenseite des Briefumschlags anfeuchtet.

*

WEITERE HILFEN

Schiefe Bilder

Wenn Bilder an der Wand immer wieder verrutschen, klebe ich kleine Filzplättchen auf die Rückseite der Rahmen.

*

Briefe verschließen

Eiweiß verschließt Briefe so gut, daß sie sich selbst über Wasserdampf nicht öffnen lassen.

*

Rutschende Brücken

Brücken, Läufer und Matten verrutschen nicht mehr, wenn man an der Unterseite kleine Schaumstoffstücke anklebt.

*

Folien ins Gefrierfach

Frischhaltefolien lassen sich leicht voneinander lösen, nachdem sie einige Minuten im Gefrierfach lagen.

*

Gardinenringe

Neue Holzgardinenstangen sind etwas stumpf. Eine kleine Hilfe: Reiben Sie die Stange mit Möbelpolitur ein, damit die Ringe leichter rutschen.

*

Klebstoffe ohne Lösungsmittel

Beim Kauf von Klebstoffen sollte immer darauf geachtet werden, daß sie mit der Aufschrift "Ohne Lösungsmittel" versehen sind. Ihre Dämpfe sind dann nicht ätzend!

*

Porzellankitt aus Gips

Gips, der mit Eiweiß vermischt wurde, eignet sich gut als Porzellankitt.

*

Spieglein, Spieglein an der Wand . . .

Kosmetik

HAARE

Schön mit Pfefferminztee

Haare werden nicht so schnell fettig, wenn man nach dem Waschen lauwarmen Pfefferminztee einmassiert. Nicht nachspülen!

*

Kochsalz gegen Schuppen

Wirkungsvoll und preiswert: Eine Handvoll Kochsalz in lauwarmem Wasser auflösen und damit die Haare nach dem Waschen gründlich spülen.

*

MAKE-UP

Kamillensud zum Abschminken

Kamillenblüten 15 Minuten lang in heißem Wasser ziehen lassen. Mit reichlich Watte, die in dem Sud getränkt wird, das Gesicht betupfen.

*

Make-up-Entferner

Um teure Make-up-Entferner zu sparen, entferne ich Schminke mit einem billigen Speiseöl. Es hat den gleichen Effekt. Auch bleibt die Haut geschmeidig.

*

Preiswertes Gesichtswasser

Frisch gepreßter Karottensaft eignet sich hervorragend als Gesichtswasser für trockene Haut. Geben Sie ihn auf einen Wattebausch und reiben Sie damit das Gesicht ein.

*

Tierversuche

Kaufen Sie nur Kosmetika , die nicht an Tieren versucht wurden. Der Deutsche Tierschutzbund e. V., Baumschulenallee 15, in Bonn gibt weitere Auskunft.

*

Der „Morgen danach"

Legen Sie die Schale einer Zitrone über Nacht in ein wenig Wasser. Am nächsten Morgen waschen Sie damit Gesicht und Hände. Die Haut bekommt so nach einer anstrengenden Nacht natürliche Vitamine, wird wieder frisch und geschmeidig.

*

Stumpfe Schminkstifte

Schminkstifte lassen sich leichter anspitzen, wenn sie einige Zeit im Gefrierfach gelegen haben.

*

Gebrochener Lippenstift

Erhitzen Sie die Bruchstellen eines gebrochenen Lippenstiftes über einem Feuerzeug, bis sie angeschmolzen sind. Drücken Sie die Teile dann vorsichtig zusammen. Legen Sie den Stift zum Abkühlen in den Kühlschrank.

*

MANIKÜRE

Feste Fingernägel

Fingernägel brechen nicht so leicht, wenn man sie in einem Sud aus Eichenrinde badet.

*

Nagellack hält länger

Tauchen Sie die Fingernägel vor dem Lackieren in Essigwasser, damit der Nagellack länger hält.

*

Schnell trocken

Halten Sie Ihre Hände in eine Schüssel mit eiskaltem Wasser oder kurz ins Gefrierfach, damit der Nagellack schnell trocknet.

*

Im Kühlschrank

Um Nagellack immer glatt und schön auftragen zu können, bewahrt man ihn im Kühlschrank auf. Keine Sorge: Auch gefrorener Nagellack zersetzt sich nicht.

*

Keine verklebten Flaschen

Die Verschlüsse von Nagellackflaschen verkleben sehr schnell. Das läßt sich verhindern, indem man das Gewinde mit einem in Öl getauchten Lappen abreibt.

*

Wieder geschmeidig

Bereits hart gewordenen Nagellack stellt man in einen Topf mit heißem Wasser. So wird er wieder geschmeidig.

*

Feilen wieder sauber

Bekleben Sie die Reibfläche der Feile mit einem Leukoplaststreifen. Drücken Sie ihn fest an, bevor Sie ihn abziehen. So wird die Feile wieder sauber.

*

SCHMUCK

Accessoires immer griffbereit

Anstecknadeln und Broschen stecke ich auf einen ausgedienten Gürtel, um sie immer übersichtlich geordnet und schnell zur Hand zu haben. Die Schnalle dient als Aufhänger.

*

Dünne Kettchen

Dünne Goldketten verknoten sich sehr schnell. Wenn man die Kette aber vorsichtig zwischen den Handflächen reibt, lösen sich die Knoten.

*

Diamanten und Klunker

Echte und falsche Diamanten kann man unterscheiden, wenn man den Stein in glasklares Wasser legt. Der echte Diamant funkelt unter Wasser genauso wie über Wasser, der falsche nicht.

*

WEITERE HILFEN

Parfüm umfüllen

Sie wollen Parfüm oder Lotion in eine kleine Flasche umfüllen, aber haben keinen Trichter. Nehmen Sie stattdessen eine Eierschalenhälfte, in die Sie ein kleines Loch stechen.

✱

Kosmetiktuben aufschneiden

Leere Kosmetiktuben sind nicht so leer, wie sie oft scheinen. Schneiden Sie die Tuben mit einer Schere auf. Sie werden sich wundern, wieviel Creme noch vorhanden ist.

✱

Hutgummi hält die Träger

Spaghettiträger an Tops und Hemdchen rutschen nicht mehr von den Schultern, wenn man mit einer stumpfen Stricknadel Hutgummi durchzieht und die Enden verknotet.

✱

Kontaktlinsen suchen

Wenn ich meine Kontaktlinsen in der Wohnung verliere, spanne ich eine Nylonstrumpfhose über die Staubsaugerdüse und sauge vorsichtig den Boden ab. Die Linse bleibt an der Strumpfhose hängen.

*

Perlonstrümpfe färben

Zwei verschiedenfarbige Perlonstrümpfe sind leicht einzufärben, so daß sie zueinander passen: Lassen Sie die Strümpfe in heißem, schwarzem Tee solange ziehen, bis der Ton übereinstimmt. Ist der Tee stark, wird der Farbton besonders dunkel.

*

Hausgemachte Gesichtsmaske

Für eine Tiefen-Porenreinigung zermahlt man ungefähr 60 Gramm geschälte Mandeln im Mixer und vermischt sie mit Haselnuß- oder Mandelessenz zu einer dicken Paste. Bevor man die Paste aufträgt, legt man sich einen heißen Waschlappen aufs Gesicht, damit sich die Poren öffnen. Die Maske 15 Minuten auf der Haut lassen, dann mit lauwarmem Wasser abspülen.

✷

Brennesselpackung

Kochen Sie eine Handvoll kleingeschnittene, ganz junge Brennesselblätter mit entsprechend viel Wasser zu einem streichfähigen Brei, den Sie noch warm auf das Gesicht auftragen, zehn Minuten einwirken lassen und mit lauwarmem Wasser abwaschen. Die Brennesselpackung ist ein altes Hausmittel gegen Pickel. Sie belebt die Haut und macht sie rosig und zart.

✷

Ringe unter den Augen

Legen Sie auf Ihre Augen je eine Scheibe Salatgurke. Die Gurkenscheiben erfrischen und lassen Ringe unter den Augen verschwinden.

✷

Auf in die weite Welt!

Reise & Urlaub

A – Z

Adressen

Wer Urlaubsgrüße verschicken will, beschreibt Etiketten-Aufkleber schon zu Hause mit Adressen. Während der Reise muß die Ansichtskarte nur noch mit dem Aufkleber versehen werden. So wird niemand vergessen.

*

"Bitte nicht stören"

Das Schild "Bitte nicht stören" sollten Sie an die Zimmertüre ihres Hotels hängen, wenn Sie abends ausgehen. Es könnte eventuell Diebe abschrecken.

*

Blutgruppe

Kleben Sie ein kleines Schildchen mit der Blutgruppe und dem Rhesusfaktor in den Paß, Personalausweis oder Führerschein. Dies ist bei einem Unfall im Ausland nützlich, da diese Papiere zuerst durchgesehen werden.

*

Dokumente

Fotokopieren Sie vor Ihrem Urlaub alle Dokumente, damit sie nicht verlorengehen. Die Originale bleiben dann im Hotelsafe. Mit den Kopien kann man sich notfalls gut behelfen.

*

Fotoapparat

Vergessen Sie nicht vor den Sicherheitskontrollen am Flughafen, den Film aus dem Fotoapparat zu nehmen. Der Grund: In manchen Ländern sind die Strahlen zum Durchleuchten des Gepäcks noch so stark, daß der Film unbrauchbar wird.

*

Glühbirne und Verlängerungsschnur

Eine helle Glühbirne kann im Urlaub mehr Licht zum Lesen oder Schminken bieten. Auch eine Verlängerungsschnur sollte im Gepäck nicht fehlen. Wer weiß, wo die nächste Steckdose ist.

Koffer

Bei Reisen mit der Bahn nehme ich immer ein Fahrradschloß mit, um den Koffer an die Gepäckauflage zu ketten. So kann ich problemlos jederzeit das Abteil verlassen, ohne befürchten zu müssen, daß der Koffer gestohlen wird.

Legen Sie ein Stück Seife in Ihren Koffer, bevor Sie ihn wegräumen. So riecht er auch in den nächsten Ferien nicht muffig und moderig.

*

Ohropax

Bei der Fahrt in den Urlaub sollte Ohropax im Gepäck sein. Die Stöpsel verhelfen zum Schlaf trotz eventueller Nebengeräusche.

*

Proviant

Wollen Sie heiße Würstchen mit auf die Reise nehmen, ist das kein Problem: Geben Sie die zu Hause erwärmten Würste in eine Thermoskanne, die Sie dann mit heißem Wasser füllen.

Auch Blumen lieben Bier

Schnittblumen & Zimmerpflanzen

ABLEGER

Farbige Flasche

Pflanzenableger bekommen schneller Wurzeln, wenn sie in einer mit Wasser gefüllten, farbigen Flasche stehen. Das getönte Licht verhilft den jungen Stecklingen zu einem raschen Austrieb.

*

Auf Wurzeln warten

Warten Sie, bis der Steckling richtige Wurzeln hat, bevor Sie ihn einpflanzen. So gedeiht er besser.

*

DÜNGER

Kupfermünze in die Vase

Mit einer Kupfermünze in der Vase bleiben Schnittblumen viel länger frisch.

*

Aspirin hilft

Eine in Blumenwasser aufgelöste Aspirintablette läßt die Blumen länger blühen.

Banane für Rosen

Zerstückelte Bananenschalen, in die Erde rund um Rosenstöcke eingearbeitet, sind ein preiswerter Dünger.

✱

Nelken mögen es süß

Nelken halten etwa zehn Tage länger, wenn sie statt in Wasser in Zitronenlimonade stehen.

✱

Schnee für Zimmerpflanzen

Tauen Sie im Winter Schnee auf und gießen Sie damit die Zimmerpflanzen, da Schnee wichtige Mineralien enthält.

✱

Kaffee ist vielseitig

Kaffeesatz eignet sich nicht nur als Scheuermittel für stark verschmutzte Grill- und Küchenroste, sondern ist auch ein guter Blumendünger.

✱

Blumen lieben Bier

Ein guter Blumendünger ist Bier. Wird er mit abgekochtem Wasser vermischt, wachsen und blühen die Blumen besser.

*

Teebeutel für Blumen

Gebrauchte Aufgußbeutel mit schwarzem Tee sollten Sie nicht einfach wegwerfen. Legen Sie die Aufgußbeutel in eine mit Wasser gefüllte Gießkanne. Nach einer Weile können Sie die Topfblumen begießen.
Denen tut das Teewasser gut.

*

Kartoffeln machen schön

Besonders gut gedeihen Blumen, wenn man sie hin und wieder mit abgestandenem Kartoffelwasser gießt.

*

GIESSEN

Katzenstreu für Topfblumen

Topfpflanzen stehen nach dem Gießen nicht mehr im Wasser, wenn man in die Übertöpfe eine Schicht Katzenstreu gibt.

*

Viel Wasser

Blühende Pflanzen brauchen viel Wasser. Wenn sich eine halbe Stunde nach dem Gießen noch Wasser im Übertopf befindet, sollte es ausgeschüttet werden. Die Pflanze hat sich bis zu diesem Zeitpunkt vorerst genügend Flüssigkeit genommen.

*

Niemals von oben gießen

Gießen Sie Blumen und Pflanzen im Garten niemals mit der Gießkanne oder mit dem Schlauch von oben, denn dann trocknet der Boden aus und wird hart.

*

Kakteen faulen leicht

Werden Kakteen öfter als drei- bis viermal im Monat gegossen, bringen sie keine Blüten hervor und faulen leicht. In der Winterzeit brauchen sie besonders wenig Wasser.

*

PFLEGE

Geknickte Blumen

Ist der Stiel einer Blume umgeknickt, so umwickelt man die Schadstelle mit einem durchsichtigen Klebestreifen.

*

Spülmittel für Schnittblumen

Um zu vermeiden, daß Herbststräuße in der Vase riechen, kann man einige Tropfen Spülmittel ins Blumenwasser spritzen. Sie schaden den Blumen nicht – im Gegenteil: Die Blumen halten länger.

*

Erdflöhe

Streichhölzer, mit den Schwefelköpfen in die Blumenerde gesteckt, lassen Erdflöhe nach kurzer Zeit verschwinden.

*

Azaleen-Wunder

Ein fünfminütiges Vollbad, dem einige Tropfen Geschirrspüler beigegeben werden, wirkt bei vertrockneten Azaleen Wunder.

*

Flieder in der Vase

Wenn man Fliederstengel mit einem scharfen Messer längst einschneidet und zusätzlich etwas Zucker ins Wasser gibt, hält der Flieder länger. Außerdem sollte man reichlich Blattgrün von den Stengeln entfernen.

*

Heißes Wasser für Rosen

Rosen blühen länger, wenn man die Stiele zwei bis drei Minuten unter heißes Wasser hält. Durch das Überbrühen schwellen die Saugkörper der Rosenstengel an, so daß sie leichter Wasser ziehen können.

*

Schöne Tulpen

Tulpen fallen nicht auseinander, wenn Sie die unterste Blüte mit einer Stecknadel einstechen.

*

Wenig Wasser für Tulpen

Tulpen lassen nicht so schnell die Köpfe hängen, wenn weniger Wasser in der Vase ist.

*

Orchideen mögen Wärme

Orchideen mögen kein kaltes Wasser. Sie bleiben viel länger schön, wenn sie in lauwarmem Wasser stehen.

*

Gummibaum braucht Kühle

Gummibäume lieben im Winter die Trockenheit. Wenn die Blätter schlapp herunterhängen, dürfen sie weder gegossen noch gedüngt werden. Stattdessen sollten sie einige Tage in einem kühlen Raum stehen.

*

REINIGEN

Pflanzendusche

Bevor Zimmerpflanzen in der Badewanne abgebraust werden, sollten die Töpfe in eine Plastiktüte gesteckt werden, die am Topfrand zuzubinden ist. So wird die Blumenerde nicht abgespült und die Badewanne bleibt sauber.

*

Milch für Palmen

Zimmerpalmen und Feigenbäume kann man mit Dosenmilch abreiben. Sie schadet nicht, erzeugt aber einen wunderbaren Glanz.

*

Mit Fön entstauben

Wenn Trockenblumensträuße verstaubt sind, pustet ein Haarfön den Dreck weg.

*

REISE

Blumen mitnehmen

Ein kleiner Trick ermöglicht es, Schnittblumen auf eine kurze Reise mitzunehmen. Man wickelt um die Stiele nasse Watte und packt diese in eine verschlossene Plastiktüte.

*

Blumen überstehen Kurzurlaub

So überleben Blumen zu Hause einen Kurzurlaub: Wenn eine mit Wasser gefüllte enghalsige Flasche kopfüber in die Erde des Blumenkastens gesteckt wird, reicht der Wasservorrat mehrere Tage.

*

SCHNEIDEN

Drei Regeln

Beim Blumenschneiden gibt es folgende Regeln: Schneiden Sie weiche Stiele gerade ab, harte Stiele schräg. Verholzte Stiele sollten Sie zusätzlich etwas breitklopfen.

✱

Scharfes Messer für Flieder

Flieder hält sich länger in der Vase, wenn man die Stengel mit einem scharfen Messer längst einschneidet und etwas Zucker in das Wasser gibt. Außerdem sollte möglichst viel Blattgrün entfernt werden.

✱

Neue Blätter am Gummibaum

Wenn der Gummibaum Blätter verliert, schneide man über der Bruchstelle mit einer Rasierklinge eine winzige Kerbe ein. An dieser Stelle bildet sich nach kurzer Zeit ein neues Blatt.

✱

UMTOPFEN

Blumentöpfe wässern

Neue Blumentöpfe sollten vor dem Gebrauch einige Stunden in Wasser liegen, damit die Luft aus ihnen entweicht und sich die Poren mit Wasser füllen können. Andernfalls besteht die Gefahr, daß die Blumen vertrocknen, weil der Topf der eingefüllten Erde einen Teil des Wassers entzieht.

✱

Ohne Schmerzen

Wer Kakteen umtopfen will, der sollte die Stacheln hüten. Greifen Sie die Pflanze nur mit einer Gebäckzange.

✱

VASEN

Enge Vasen säubern

Füllen Sie enge Vasen, die sich schlecht reinigen lassen, mit warmem Wasser und einer Messerspitze Backpulver. Ein anderer Trick: Schütten Sie einen Löffel Reiskörner, etwas

Scheuerpulver und ein wenig Wasser in die Vasen, die Sie so lange schütteln, bis der Belag verschwunden ist.

*

Mit dem Fön trocknen

Kostbare, enge Vasen, Karaffen oder auch dünne Kuppeln von Lampen trockne ich mit dem Fön aus.

*

Wackelige Bodenvasen

Bodenvasen kippen nicht so schnell um, wenn sie zu einem Drittel mit Kieselsteinen gefüllt sind.

*

Undichte Keramikvasen

Keramikvasen, die undicht sind, repariert man mit Nagellack.

*

Keine Vase zur Hand

Sie bekommen einen schönen Blumenstrauß, aber Sie haben keine Vase zur Hand. Kein Problem, auch wenn der Nachbar, der Ihnen eine Vase leihen könnte, nicht zu Hause ist: Auch andere Gefäße haben ihren Charme. Stellen Sie den Strauß in einen kleinen Eimer, in eine ausrangierte Kaffeekanne oder in ein großes Glas.

*

Frust mit dem Frost?

Im Winter

AUTO

Wärmflasche fürs Auto

Im Winter beschlagen schnell die Autoscheiben. Sinnvoll ist es daher, etwa zehn Minuten vor der Abfahrt eine mit heißem Wasser gefüllte Wärmflasche ins Auto zu legen.

✱

Schlösser abkleben

Ein Klebestreifen schützt Autotüren und Kofferraumschlösser vor eindringender Feuchtigkeit.

✱

Rückwärts in die Garage

An kalten Tagen sollten Sie Ihren Wagen rückwärts in die Garage fahren. So erreichen Sie im Notfall mit dem Starthilfekabel leicht die Batterie.

✱

Spiritus für die Wischanlage

Teure Spezialmittel, die im Winter die Scheibenwaschanlage des Autos vor dem Einfrieren bewahren, kann man durch einfachen Brennspiritus ersetzen.

✱

Vereiste Scheiben

Versperren vereiste Innenscheiben die Sicht aus dem Auto? Eine Handvoll Salz, in ein Taschentuch geknotet, hilft. Reiben Sie die Scheiben damit kräftig ab.

✱

Eis einfach wegwischen

Eis auf der Windschutzscheibe kann man einfach wegwischen mit einer Mischung aus zwei Teilen Frostschutzmittel für den Autokühler und einem Teil Wasser. Diese Mischung trägt man mit Hilfe eines Zerstäubers auf die Scheibe auf.

✱

Den Vergaser fönen

Bevor Sie an kalten Tagen den Pannendienst anrufen, weil das Auto nicht anspringt, sollten Sie folgenden Trick ausprobieren: Blasen Sie mit einem Haarfön heiße Luft auf den Vergaser.

*

IM FREIEN

Salmiak ins Wischwasser

Wer bei Frost Steintreppen im Freien putzen muß, gibt einen Schuß Salmiakgeist ins Wischwasser, damit sich keine Eisschicht bildet.

*

Salz für Wäsche

Auch bei winterlichen Minusgraden läßt sich die Wäsche im Freien oder auf dem Dachboden trocknen, wenn dem letzten Spülwasser ein wenig Salz zugefügt wurde.

*

Wachs für Schneeschieber

Ich reibe meinen Schneeschieber gründlich mit Kerzenwachs ein, damit weder Schnee noch Matsch an ihm hängenbleiben.

*

Socken über Schuhe

Wer bei Glatteis einfach ein paar Socken über die Schuhe zieht, rutscht nicht so schnell aus. Auch Heftpflaster unter Schuhsohlen und Absätzen schützen vor dem Ausgleiten auf Eis und Schnee.

*

Spuren verwischen

Wenn Sie nach einem Schneefall das Haus verlassen, sollten Sie noch einmal zurückgehen. Sonst können die Fußstapfen, die von Ihrem Haus wegführen, für einen Einbrecher eine Einladung sein.

*

IN DER WOHNUNG

Klare Fensterscheiben

Fensterscheiben beschlagen und frieren nicht mehr, nachdem sie mit Brennspiritus und einem Spritzer Glyzerin abgerieben wurden.

*

Eisblumen

Bei starkem Frost können sich Eisblumen an den Fenstern bilden. Die Sicht wird wieder klar, wenn die Fenster mit Salzwasser abgewaschen werden.

*

Gefrierschrank abtauen

Den Gefrierschrank sollte man möglichst im Winter abtauen. So kann man das Gefriergut leicht auf den Balkon oder die Terrasse legen, bis das Gerät wieder sauber ist.
Meinen Gefrierschrank taue ich mit dem Haarfön ab. So schmilzt die dickste Eisschicht in wenigen Minuten.

*

Immer in Form

Rund um den Backofen

BACKFORM

Kühle Backform

Backformen stelle ich nach dem Einfetten für kurze Zeit kalt. So vermischt sich das Fett nicht mit dem Teig. Außerdem läßt sich der Kuchen nachher besser aus der Form nehmen.

✱

Knuspriger Kuchen

Napfkuchen wird besonders knusprig, wenn man die Form nicht nur mit Fett einreibt, sondern auch mit Zucker ausstreut.

✱

Erst Fett, dann Mehl

Sie sollten nach dem Einfetten etwas Mehl über die Backform streuen. So löst sich der Kuchen leicht von der Form und verklebt nicht mehr.

✱

Nichts verrutscht mehr
Damit das Backpapier auf dem Kuchenblech nicht verrutscht, betupfe ich es von der unteren Seite ein wenig mit Fett.

✱

In Form
Kuchen sollte grundsätzlich erst nach einigen Minuten aus der Form genommen werden.

✱

Feuchtes Tuch hilft
Will sich der Kuchen nicht aus der Backform lösen, so stellt man die heiße Form kurz auf ein feuchtes Tuch.

✱

Auflaufformen erhitzen
Auflaufformen sollte man erhitzen, bevor sie gefüllt werden. So löst sich der Auflauf leichter.

✱

GLASUR & FÜLLUNG

Glatte Buttercreme

Buttercreme gerinnt nicht, wenn man die Hälfte der angegebenen Buttermenge bereits mit dem Pudding aufkocht.

✷

Sahnesteif für Buttercreme

Wenn die Buttercreme beim Rühren flockig wird, sollten Sie etwas Sahnesteif hineingeben. So wird sie wieder wunderbar glatt.

✷

Geronnene Buttercreme

Eine geronnene Buttercreme kann gerettet werden, indem man die Rührschüssel in kochendes Wasser stellt.

✷

Gute Kuchenglasur

Die Kuchenglasur deckt besser und läßt sich leichter verteilen, wenn man zum Anrühren kein kaltes, sondern heißes Wasser verwendet.

Gleichmäßiger Tortenguß

Wenn man den Tortenguß mit einem in heißes Wasser getauchten Löffel über die Früchte streicht, verteilt er sich schön gleichmäßig.

*

Joghurt in die Glasur

Zum Bestreichen von Kuchen gebe ich einen Eßlöffel Joghurt in die heiße Kuvertüre. So bleibt die Schokoladenglasur nach dem Erkalten geschmeidig und zerbröckelt nicht mehr beim Zerschneiden des Kuchens.

*

Kein Riß im Zuckerguß

Der Zuckerguß eines Kuchens bricht beim Schneiden nicht, wenn man das Messer leicht einfettet.

*

TEIG

Kartoffeln für den Hefeteig

Hefeteig wird besonders locker, wenn man dem Teig bei einem Pfund Mehl zwei geriebene Kartoffeln zugibt.

✷

Lockerer Hefeteig

Gebäck wird schön locker, wenn man die Hefe mit Buttermilch anrührt.

✷

Hefe prüfen

Hefe prüft man, indem man ein Stückchen in ein Glas heißes Wasser legt. Steigt die Hefe hoch, ist die Treibkraft gut.

✷

Hefeteig dünn ausrollen

Um Hefeteig ganz dünn ausrollen zu können, lege ich ihn vorher eine Stunde in das Gefrierfach.

✷

Glänzendes Hefegebäck

Die Oberfläche von Hefegebäck wird schön glänzend und mürbe, wenn man sie kurz vor dem Bräunen mit Eiweiß oder Milch bestreicht.

*

Hefegebäck sofort vom Blech

Hefegebäck sollte niemals in der Form erkalten. Schieben Sie es daher immer gleich nach dem Backen vom Blech, da sonst der Geschmack beeinträchtigt wird.

*

Apfel in Rührteig

Reiben Sie einen geschälten Apfel oder eine geschälte Birne in einen Rührteig. Der Geschmack wird zwar nicht beeinträchtigt, doch wird der Kuchen weniger trocken.

*

Schaumige Eidotter

Die Eidottern für einen Kuchenteig sollten Sie grundsätzlich schaumig schlagen und ihnen ein wenig Essig zugeben.

Kein Backpulver zur Hand?

Wollen Sie einen Kuchen backen, ist aber kein Backpulver im Haus, geben Sie drei bis vier Eßlöffel Rum in den Teig. Alkohol treibt den Teig fast so gut wie Backpulver.

✷

Butter zu kalt?

Ist die Butter oder Margarine für den Rührteig zu kalt, reibt man sie auf einer Raspel in die Rührschüssel.

✷

Keine Teigspritzer

Schlägt man dünnen Teig in einer Rührschüssel, stellt man sie einfach in das Spülbecken. So vermeidet man Teigspritzer auf der Arbeitsplatte und an den Küchenfliesen.

✷

Wasser statt Milch

In jeden Kuchen und Butterteig gebe ich Mineralwasser statt Milch. Sie werden staunen, wie locker der Kuchen wird!

Mürber Marmorkuchen

Marmorkuchen wird besonders mürbe, wenn man zwei Eßlöffel Salatöl unter die Kakaomasse rührt.

*

Lockerer Mürbeteig

Rührt man etwas Zitronensaft unter die Eier, wird Gebäck aus Mürbeteig schön locker.

*

Geschmeidiger Teig

Gibt man beim Durchkneten von Mürbeteig einige Tropfen Öl darunter, das im Geschmack neutral ist, wird der Teig geschmeidig und läßt sich ohne Mühe verarbeiten.

*

Selbstgemachte Pfannkuchen

Selbstgemachte Pfannkuchen machen wenig Mühe. Sie schmecken vortrefflich, wenn man einen Eßlöffel Bier in den Teig gibt.

*

Blätterteig besonders locker

Blätterteig wird besonders locker, wenn man auch eine Tasse Wasser in den Backofen stellt.

*

WEITERE HILFEN

Zuviel Oberhitze

Bemerkt man, daß der Kuchen beim Backen auf der Oberseite zu dunkel wird, stellt man einen Topf mit warmem Wasser auf den Rost, der darüber steht.

*

Plätzchen aufs Gitter

Legen Sie Plätzchen nach dem Backen auf ein Sieb. So kann das Schwitzwasser die Kruste nicht aufweichen.

*

Kuchen bleibt frisch

Befestigen Sie am Kuchenanschnitt mit Zahnstochern eine Scheibe frisches Brot. So trocknet der Kuchen nicht aus, obwohl Sie ihn nicht abdecken.

*

Torten dekorieren

Ein Zierdeckchen aus Papier oder eine Tortenunterlage mit großem Muster auf die fertige Torte zu legen, die Torte mit Puderzucker zu bestäuben und dann den Belag vorsichtig wieder abzunehmen, ist eine gute Methode, eine Torte hübsch und schnell zu verzieren.

*

Süßes Backobst

Süßen Sie Backobst erst nach dem Kochen, da es sonst nicht richtig weich wird.

*

Pizza backen

Wenn Sie Pizza nicht im Backofen backen, sondern bei geschlossenem Deckel in der Pfanne braten, sparen Sie Energie.

✷

Essig ins Fett

Wenn man dem Fett in der Friteuse einen Eßlöffel Essig zugibt, nimmt das Backgut (Pommes, Hähnchen, Kroketten usw.) weniger Fett an und schmeckt besser.

✷

Kokosnüsse aufbacken

Um nicht jede Kokosnuß mit Hammer und Meißel bearbeiten zu müssen, legt man sie 15 bis 20 Minuten lang in den heißen Backofen. Durch die Sprünge in der Schale läßt sie sich anschließend viel bequemer öffnen.

✷

Weiches Weihnachtsgebäck

Weihnachtsgebäck bleibt in einer Dose mit einer angeschnittenen Möhre weich. Ist das Gebäck einmal hart geworden, sollten Sie die Dose mit einem feuchten Tuch bedecken.

✷

Nicht nur süß

Damit Zuckerguß nicht nur süß schmeckt, rührt man den Puderzucker am besten mit Orangen- oder Zitronensaft an. Kirsch- und Rote Beete-Saft färben den Zuckerguß rosa.

✷

In Flammen

Sollte der Backofen von innen brennen, schalten Sie den Herd sofort ab und schließen Sie die Tür. Bei fehlender Luftzufuhr erstickt das Feuer.

✷

Backblech fehlt

Fehlt Ihnen ein Backblech, können Sie sich mit dem Boden Ihrer Springform behelfen.

Schnelle Hilfe

Immer wieder kommt es vor, daß man sich an einem heißen Backblech die Finger verbrennt. Deshalb sollte man einen sauberen, feuchten Schwamm immer im Gefrierfach haben. Der gefrorene Schwamm wirkt auf der Haut schmerzstillend und verhindert starke Blasenbildung.

*

Unsichtbares Bestäuben

Nehmen Sie Kakao statt Mehl zum Bestäuben der gefetteten Backformen oder des Blechs, dann sieht das Gebäck später nicht so mehlig aus.

*

Frisch und knusprig

Brot & Brötchen

AUFBEWAHRUNG

Ausgetrocknet

Ist Ihr Brot ausgetrocknet? Legen Sie es in ein feuchtes Tuch gewickelt 24 Stunden lang in den Kühlschrank. Danach kommt es einige Minuten lang in den vorgeheizten Backofen. Nun schmeckt das Brot wieder.

✷

Toast ohne Schimmel

Schimmel läßt sich vermeiden, wenn man die Toastscheiben im Gefrierfach aufbewahrt. Je nach Bedarf kann man einige Scheiben herausnehmen und unaufgetaut in den Toaster geben.

✷

Im Mikrowellenherd

Wenn man Brot direkt nach dem Kauf in den Mikrowellenherd legt und diesen 30 Sekunden lang auf die höchste Hitze einstellt, kann man sicher sein, daß das Brot bis zum Verzehr keinen Schimmel ansetzt. Die Mikrowellen töten die Schimmelpilze ab.

Frische durch Äpfel

Halbierte Äpfel im Brotkasten halten das Brot länger frisch. Vergessen Sie aber nicht, die Äpfel öfter auszuwechseln.

✱

Scheiben im Römertopf

Sie werden staunen, wie lange in Scheiben geschnittenes Brot im Römertopf frisch bleibt.

✱

Getrennt lagern

Graubrot und Schwarzbrot sollten niemals zusammen in einem Beutel oder in einer Brotdose aufbewahrt werden. Gemeinsam schimmeln sie eher, als wenn sie getrennt aufbewahrt würden.

✱

Für Luftzug sorgen

Legen Sie den Brotkasten mit einem Rost aus. Die dadurch entstehende Luftzirkulation hält das Brot länger frisch.

BRÖTCHEN

Kein Ankleben am Blech

Beim Aufbacken von Brötchen kommt es vor, daß sie am Blech ankleben. In einem solchen Fall hilft es, das Blech einen Augenblick auf ein nasses Tuch zu stellen. Kurze Zeit später kann man die Brötchen mühelos vom Blech herunternehmen.

*

Aus alt mach neu

Alte Brötchen werden wieder frisch und knusprig, wenn man sie in eine Papiertüte legt und fünf Minuten in dem auf 160 Grad vorgeheizten Ofen aufbackt.

*

Frische Brötchen

Frische Brötchen zum Frühstück, ohne das Haus zu verlassen: Bestreichen Sie die Brötchen vom Vortag mit einer Wasser-Milch-Mischung und backen Sie zehn Minuten die Brötchen im vorgeheizten Backofen auf.

Schön knusprig

Brötchen werden beim Aufbacken wieder schön knusprig, wenn man sie vorher mit etwas Zuckerwasser bestreicht.

*

Länger warm

Wenn man eine Alufolie unter die Serviette des Brotkorbs legt, bleiben die Brötchen viel länger warm.

*

WEITERE HILFEN

Brot schneiden

Frisches Brot läßt sich leichter schneiden, wenn man das Messer vorher kurz erwärmt.

*

Feuchtes Knäckebrot

Röstet man feuchtes Knäckebrot kurz im Toaster, wird es wieder knusprig und frisch.

*

Zwei übereinander

Legen Sie zwei Scheiben Knäckebrot übereinander. So bricht die obere Scheibe nicht beim Bestreichen.

✱

Kein Toaster zur Hand

Fehlt ein Toaster in der Ferienküche, legt man einfach ein Stück Alufolie auf die vorgeheizte Herdplatte. Darauf kann man nun Toast, Brot oder Brötchen aufbacken.

✱

ALLES IN BUTTER?

Butter, Käse, Sahne

BUTTER

Raus aus der Verpackung

Fette aller Art sollte man gleich nach dem Einkauf aus dem Papier nehmen und in ein Porzellangefäß geben.

✱

Wochenlang frisch

Butter bleibt wochenlang frisch, wenn man sie völlig mit gekochtem und abgekühltem Salzwasser bedeckt.

✱

Wieder streichfähig

Ist verpackte Butter im Kühlschrank zu hart geworden, legt man das Paket einfach zwischen zwei erwärmte Teller. Schnell wird sie wieder streichfähig.

✱

Kaltes Wasser

Bevor man Butter aus dem Papier nimmt, sollte man sie unter kaltes Wasser halten. So löst sich die Verpackung leichter.

*

Leichter quirlen

Stellt man die Quirlstäbe des Mixers in heißes Wasser, bleiben kalte Butter und Margarine nicht mehr an ihnen haften.

*

Sahnig rühren

Butter, die sich nicht sahnig rühren läßt, bestäubt man mit etwas Mehl.

*

Dekorativ

Wenn man weiche Butter in einen Spritzbeutel gibt, kann man sehr dekorative Butterstückchen herstellen. Anschließend sollte man sie im Kühlschrank erkalten lassen.

*

Ranzig

Ranzige Butter kann man noch mit Zwiebeln beispielsweise für Bratkartoffeln auslassen.

*

Öl darf nicht schäumen

Gutes Speiseöl darf beim Schütteln nicht schäumen. Machen Sie beim Einkauf immer die Probe.

*

KÄSE

Kein Schimmel

Ein Stückchen Zucker unter der Käseglocke saugt Feuchtigkeit auf und verhindert Schimmelbildung.

*

Harter Käse

Harter Schnittkäse ist noch zu retten, wenn man ihn einige Zeit in frische Milch legt.

*

Stumpf schneiden

Schneiden Sie Ihren Käse mit einem stumpfen Messer. Das geht leichter.

*

Weichkäse reiben

Auch Weichkäse kann man reiben, ohne daß er klebt, indem man ihn vorher kurz einfriert.

*

SAHNE

Einfach schütteln

Sahne, die sich nicht mehr schlagen läßt, füllt man in ein gut zu verschließendes Gefäß und schüttelt es, bis sich in ihm ein Butterkloß bildet. Er eignet sich besonders gut zum Backen.

*

Gut gekühlt

Bevor man Sahne schlägt, stellt man das Gefäß kurz in den Kühlschrank. So wird die Sahne schneller steif. Besonders fest wird sie, wenn man während des Schlagens einige Tropfen Zitronensaft hineinträufelt und mit Puderzucker süßt.

*

Steife Schlagsahne

Eingeweichte Gelantine bewahrt Schlagsahne vor dem Zusammenfallen. Gelierzucker bewirkt, daß die Sahne nur halb so lange geschlagen werden muß. Auch der Geschmack verbessert sich.

*

Springen, Platzen, Plumpsen

Vorsicht mit Eiern

FRISCHE

Mit der Zunge berühren

Bei Zimmertemperatur aufgehobene Eier prüft man auf Frische, indem man beide Spitzen mit der Zunge berührt. Eine Seite sollte kalt, die andere warm sein.

*

Eier müssen schwimmen

Eier, die in kaltem Salzwasser auf den Grund plumpsen, sind garantiert frisch. Schwimmen sie dagegen an der Oberfläche, sollte man sie wegwerfen.

*

Nicht waschen

Will man Eier aufbewahren, sollte man sie nicht waschen. Der Grund: Das Wasser zerstört die Schutzschicht der Schale, die Luft und Gerüche abhält.

*

Robes Eidotter

Ein Eidotter kann man in einer Tasse mehrere Tage im Kühlschrank aufbewahren, wenn man vorsichtig etwas Wasser auf das Dotter gibt.

✷

KOCHEN

Mit Sprung

Auch gesprungene Eier lassen sich noch kochen, ohne auszulaufen. Legen Sie die Eier in ein Sieb, das Sie etwa eine Minute über den Wasserdampf halten. Dadurch erstarrt das Eiweiß entlang der Schadstelle, so daß keine Auslaufgefahr mehr besteht.
Die Eier sind „geflickt".

✷

Auf Vorrat

Will man hartgekochte Eier auf Vorrat kochen, empfiehlt es sich, auch einige Zwiebelschalen ins Wasser zu geben. Sie färben die Eier, so daß sie sich im Kühlschrank leicht von den ungekochten Eiern unterscheiden lassen.

Kein Platzen

Eier platzen beim Kochen nicht, wenn Sie die Enden mit einer Nadel anstechen und in das Kochwasser einen Schuß Essig geben. Wegen des Essigs läßt sich auch die Schale von hartgekochten Eiern leichter entfernen.

*

WEITERE HILFEN

Zerbrochen

Zerbrochene Eier lassen sich nur schwer aus der Pappschachtel entfernen, weil sie festkleben. Wenn man die Schachtel befeuchtet, lösen sich die Eier und das Problem.

*

Schneller steif

Eischnee wird schneller steif, wenn man vor dem Schlagen einige Tropfen Zitronensaft zugibt. Wenn Eischnee trotz langen Schlagens nicht fest werden will, ist es empfehlenswert, eine Prise Salz oder einen Teelöffel kaltes Wasser hinzuzufügen.

Kleiner Trichter

Ein kleiner Trichter erleichtert das Trennen von Dotter und Eiweiß. Wenn Sie das Ei über dem Trichter öffnen, rinnt das Eiweiß hindurch, während das Dotter hängenbleibt.

*

Roh oder gekocht?

Um festzustellen, ob es sich um ein rohes oder um ein gekochtes Ei handelt, können Sie es auf einer glatten Fläche kreisen lassen. Eiert es dabei, ist es noch roh.

*

Raus aus der Schale

Gekochte Eier lassen sich leichter pellen, nachdem sie eine halbe Minute im Gefrierfach gelegen haben.

*

Lockeres Rührei

Besonders locker und schmackhaft wird Rührei, wenn man zu den verquirlten Eiern etwas Mineralwasser gibt.

Eigelb nicht erschrecken

Rühren Sie Eigelb niemals unvorbereitet in heiße Soßen. Es gerinnt sofort. Einige Eßlöffel der heißen Flüssigkeit werden stattdessen mit dem Eigelb in einer Tasse verrührt. Dann nehmen Sie den Topf vom Herd und rühren das Ganze unter das Gericht.

*

Zarte Omeletts

Omeletts werden zarter, wenn der Teig mit Wasser statt mit Mehl angerührt wird.

*

Saftig, würzig, weich

Fleisch & Fisch

BRATEN

Saftiges Fleisch

Fleisch bleibt beim Braten saftiger, wenn man es vorher fünf Minuten lang in kochendes Wasser legt.

✷

Kalbfleisch nicht begießen

Kalbfleisch sollte man niemals während des Bratens mit Wasser übergießen. Das Fleisch wird sonst faserig.

✷

Kochendes Wasser

Zum Aufgießen eines Bratens sollten Sie nur kochendes Wasser verwenden. Bei kaltem Wasser wird das Fleisch hart.

✷

Gar durch Weinbrand

Wird das Fleisch mit einem Schuß Weinbrand übergossen, ist es in kurzer Zeit gar.

✷

Schwarzbrot anbraten

Bei Schmorfleisch (Rind oder Schwein) kann man auch ein Stück Schwarzbrot anbraten. Die Soße wird kräftiger und bekommt eine schöne dunkle Farbe. Man braucht sie nicht mit Mehl anzudicken.

*

Angebranntes retten

Auch einen angebrannten Braten kann man noch retten. Spülen Sie ihn gründlich ab, bevor Sie Fett in einem neuen Topf erhitzen. Setzen Sie dann den Braten noch einmal auf.

*

Aufgewärmt, aber weich

Aufgewärmter Braten wird nicht hart, wenn man ihn in Alufolie wickelt und ihn langsam im Ofen erwärmt.

*

Geschnetzeltes

Fleisch kann man sehr gut in kleine und gleichmäßige Stückchen schneiden, wenn man es vor dem Schneiden einige Zeit ins Gefrierfach gelegt hat. Wenn Geschnetzeltes einmal in der Pfanne festgeklebt ist, nehmen Sie die Pfanne von der Kochstelle. Setzen Sie einen Deckel darauf. Nach kurzer Ruhezeit löst sich das Fleisch von selbst.

*

FISCH

In Milch legen

Wollen Sie gefrorenen Fisch auftauen, legen Sie ihn in Milch. So entsteht kein Gefriergeschmack; auch wird der Fisch zarter.

*

Hartnäckige Schuppen

Fische, die sich schwer entschuppen lassen, sollten Sie kurz mit kochendem Wasser übergießen. Danach lassen sich die Schuppen sehr leicht entfernen.

Glänzende Augen

Beim Kauf von frischem Fisch sollte man folgendes beachten: Die Augen müssen glänzend und die Kiemen intensiv rot sein. Dann ist der Fisch bestimmt frisch.

✸

Ist der Fisch frisch?

Drückt man auf den Fisch, ohne eine Delle zu hinterlassen, so kann man sicher sein, daß der Fisch frisch ist.

✸

Topfkratzer helfen

Schuppen von Forellen kann man mühelos mit einem Plastik-Topfkratzer entfernen.

✸

Aal richtig häuten

Die Haut beim Aal schneidet man hinten am Kopf ringsherum ein und löst sie vom Fleisch. Dann zieht man sie zum Schwanz hin ab. Wenn man die Hände dabei mit Salz einreibt, ist es noch leichter, ihn zu häuten.

GEFLÜGEL

Erst warm abwaschen

Alle Geflügelsorten sollte man vor dem Zubereiten warm abwaschen, mit einem Küchentuch abtupfen und erst dann verarbeiten.

✷

Buttermilch macht zart

Hähnchenschenkel legt man vor dem Braten ca. zwei Stunden in Buttermilch ein. Sie werden dadurch besonders saftig und zart.

✷

Hähnchen im Römertopf

Um zu vermeiden, daß im Römertopf die Haut von Hähnchen anklebt, legt man eine Speckscheibe unter das Fleisch.

✷

Mit Zwirn

Will man ein Hähnchen grillen, kann man Flügel und Schenkel mit Zwirn zusammenhalten. Der Faden reißt nicht und brennt nicht ab.

*

HACKFLEISCH

Leckere Hacksteaks

Hacksteaks schmecken besser, wenn man die Brötchen nicht in Wasser, sondern in einer Fleischbrühe einweicht.

*

Hackbraten ohne Ei

Sind die Eier einmal ausgegangen, kann man den Hackbraten auch mit einer rohen und geriebenen Kartoffel binden.

*

Saubere Hände

Auch bei der Zubereitung von Hackfleisch können Hände sauber bleiben, wenn man alle Zutaten in eine saubere und geräumige Plastiktüte gibt. Die Masse von außen gut durchkneten, zu einem Laib formen und diesen aus der Hülle gleich in die Pfanne gleiten lassen.

*

Schneller gar

Drücken Sie in die Mitte der Frikadelle ein kleines Loch. Es sorgt für eine kürzere Bratzeit. Nach dem Braten ist es verschwunden.

*

Schön knusprig

Damit der Hackbraten schön knusprig bleibt und keine Risse bekommt, sollte man das Gehackte vor dem Braten mit kaltem Wasser einpinseln.

*

Alufolie schützt

Hackbraten brennt nicht an, wenn man eine Alufolie oder eine Speckschwarte auf den Topfboden legt.

*

KOTELETT & SCHNITZEL

Im Beutel klopfen

Kotelett und Schnitzel klopft man in einem Frischhaltebeutel: So bleiben sie saftig und spritzen nicht.

*

Öl in die Panade

Panade haftet besser am Fleisch, wenn man der Paniermasse etwas Öl zugibt.

*

Pikanter Geschmack

Für panierte Koteletts gibt es folgenden Trick: Verrühren Sie alle Zutaten mit dem Ei. So wird das Kotelett viel gleichmäßiger gewürzt.

Wenn man die Koteletts vor dem Panieren mit scharfem Senf bestreicht, erhalten sie einen pikanten und einmaligen Geschmack.

*

Dosenmilch zum Panieren

Hat man zu wenig Eier, kann man die Paniermasse mit etwas Dosenmilch strecken. Schnitzel sollte man vor dem Braten gut abklopfen, damit das überflüssige Paniermehl abfällt. Es verbrennt sonst zu schnell in der Pfanne.

*

LEBER

Besonders zart

Leber, die besonders zart schmecken soll, wird vor dem Braten in Sahne gewendet. Auf diese Weise bekommt sie auch eine schöne hellbraune Farbe.
Ein weiterer Trick: Legen Sie die Leber eine Stunde vor dem Braten in Milch ein,

trocknen Sie die Leber gut ab, wenden Sie das Fleisch in Mehl und braten Sie es in wenig Fett nur kurz an.

*

Mühelos schneiden

Rohe Leber wälzt man kurz in Mehl. Danach kann man sie mühelos schneiden.

*

Nicht vorher salzen

Leber sollte man niemals vor oder während des Bratens salzen. Dadurch wird sie nur hart. Würzt man sie erst danach, so wird sie bekömmlich und zart.

*

Kein strenger Geschmack

Leber muß keinen strengen Geschmack haben. Dieser verliert sich, wenn die Leber vor der Zubereitung eine knappe Stunde in Milch liegt.

*

Brillen

Verschmutzte Brillengläser lassen sich sehr gut mit einigen Tropfen Alkohol reinigen. Außerdem beschlagen sie danach nicht mehr.

✱

Bücher

Bücher, die an den Schnittstellen schmutzig sind, kann man mit einem in Spiritus getauchten Lappen reinigen.

✱

Federbetten

Verklumpte Federn im Oberbett können Sie mit dem Fön aufwirbeln. Dazu müssen Sie das Inlett einige Zentimeter auftrennen.

✱

Fliesen

Fliesen lassen sich hervorragend mit dem Staubsauger reinigen, wenn man an dem Steckrohr eine Bürste anbringt.

✱

Wenn Bratwürste platzen

Das lästige Platzen und Schrumpfen von Bratwürsten kann man vermeiden, wenn man sie, bevor sie in die Pfanne kommen, mit kochendem Wasser überbrüht und sie anschließend gut abtrocknet.

*

Hartwurstpelle abziehen

Lag die Hartwurst kurz in kaltem Wasser, läßt sich die Pelle leicht abziehen.

*

WEITERE HILFEN

Fondue

Fondue-Fleisch wird zart, wenn man es über Nacht in ein mit Weinbrand getränktes Tuch wickelt. Auch der Geschmack wird dadurch verfeinert.

*

Kaltes Fleisch

Ich lasse das Fleisch, das ich für kalte Platten verwenden möchte, in der Brühe liegen, bis es kalt ist. So behält es Farbe und Geschmack und bleibt saftig.

*

Kasseler

Kasseler oder Kochschinken sollten Sie weder grillen noch braten. Das gepökelte Fleisch enthält Nitrit. Durch zu hohe Temperaturen entwickeln sich Nitrosamine.

*

Schaschlik

Wenn man Schaschlikspieße vor der Verwendung mit etwas Öl einreibt, bleibt das Fleisch nicht daran kleben.

*

Schinken

Liegt versalzener Schinken einige Minuten lang in Milch, wird er wieder mild.

Angeschnittener Schinken bleibt länger frisch, wenn man die Schnittflächen mit Speiseöl bestreicht.

*

Speck

Durchwachsenen Speck schneide ich in Scheiben, lege sie eine Stunde lang in den Gefrierschrank und schneide sie dann in kleine Würfel. Wenn man Speckscheiben kurz vor dem Braten in kaltes Wasser taucht, wellen sie sich in der Pfanne nicht mehr.

*

Hart durch Wasser

Gießen Sie kein kaltes Wasser an kochende Speisen, besonders nicht an Fleisch und Hülsenfrüchte. Sie werden dadurch schwerer weich, weil das Eiweiß abgeschreckt wird und eine starke Kruste bildet.

*

Fleisch klopfen

Müssen Schnitzel oder Geflügelteile geklopft werden, legt man sie in einen Gefrierbeutel oder zwischen zwei Blätter Folie. So werden die Fleischfasern nicht durch die Spitzen des Klopfers zerstört, und der Fleischsaft spritzt nicht in der Gegend herum.

✱

Flambieren macht Spaß

Flambieren ist gar nicht so kompliziert wie es scheint. Sie sollten allerdings berücksichtigen, daß hochprozentiger Alkohol nie direkt aus der Flasche auf die Gerichte gegossen werden darf. Benutzen Sie einen Schöpflöffel. Berücksichtigen Sie immer die Explosionsgefahr.

✱

Schälen & Schneiden

Feines Gemüse

KOHL

Weißer Blumenkohl

Blumenkohl wird besonders weiß, würzig und zart, wenn er statt in Salzwasser in einer Mischung aus Fleischbrühe und Milch aufgekocht wird.

*

Besonders herzhaft

Wird Blumenkohl mit einigen grünen Blättern gekocht, wird er besonders herzhaft.

*

Schön zart

Blumenkohl wird besonders zart, wenn man ihn mit Mineralwasser kocht. Um die weiße Farbe zu erhalten, gibt man eine Prise Zucker in das Kochwasser.

*

Chinakohl mit Biß

Chinakohl bekommt einen ganz besonderen Biß, wenn er eine halbe Stunde vor dem Anrichten in den Kühlschrank gestellt wird.

✷

Rotkohl mit Schuß

So wird Rotkohl sehr delikat: Kochen Sie ihn zusammen mit einem Eßlöffel Kirschmarmelade oder einem Schuß Kirschsaft.

✷

Reis zum Rotkohl

Rotkohlgemüse wird besonders sämig, wenn es zusammen mit etwas Reis kocht.

✷

Blätter leicht lösen

Die großen Blätter für Kohlrouladen lassen sich nur schwer vom Kohlkopf lösen. Das Problem wird gelöst, indem man den Kopf eine Stunde zuvor in das Gefrierfach legt.

✷

Keine Insekten

Wenn Kohl kurz in Salz- oder Essigwasser liegt, kriechen alle darin versteckten Insekten und Würmer heraus.

*

PILZE

Fließendes Wasser

Pilze sollte man nur unter fließendem Wasser schneiden, da sie andernfalls zuviel Feuchtigkeit aufnehmen.

*

Weiße Champignons

Wird dem Waschwasser etwas Mehl beigefügt, bleiben Champignons schön weiß. Außerdem lassen sie sich viel leichter säubern.
Weiß bleiben Champignons auch dann, wenn man etwas Zitronensaft über sie gießt.

*

Champignons schneiden

Champignons kann man mit dem Eischneider in gleichmäßig große Scheiben teilen.

✷

SPARGEL

Vorsichtig schneiden

So schneidet man Spargel: Setzen Sie das Messer dünn am Kopf und zum Schnittende dicker an. Dann entfernen Sie das holzige Stielende.

✷

Zarte Köpfchen

Damit beim Herausgleiten des Spargels die zarten Köpfchen nicht zerstört werden, öffnet man die Dose am Boden.

✷

Hell, glatt, saftig

Wenn die Schnittstellen des Spargels hell, saftig und glatt sind, dann ist der Spargel frisch.

TOMATEN

Zu weich

Weiche Tomaten sind wieder schnittfest, nachdem sie etwa 15 Minuten in frischem, kaltem Wasser gelegen haben.

*

Leichter schälen

Bekannt ist, daß man Tomaten mit kochendem Wasser übergießt, damit sie sich leichter schälen lassen. Man kann sie aber auch mit einer Gabel über eine Gasflamme halten, bis die Haut platzt. Danach läßt sie sich sehr leicht abziehen.

*

Schon überreif

Tomaten, die bereits überreif sind, kann man kurz überbrühen, abhäuten und danach einfrieren. Für eine Pizza oder für Gulasch sind sie dann noch zu verwerten.

*

ZWIEBELN

Ohne Tränen

Um Tränen beim Schneiden von Zwiebeln zu vermeiden, halte man sie unter die eingeschaltete Dunstabzugshaube.

*

Mit Butter bestreichen

Halbierte Zwiebeln lassen sich gut und lange aufbewahren: Bestreichen Sie einfach die Schnittfläche mit Butter.

*

Besonders fein

Für Salate, Gemüsepfannen und Fleischsoßen sollen die Zwiebelringe oft besonders fein sein. Mühevolle Kleinarbeit ist nicht notwendig. Die Ringe werden wie gewünscht, wenn man die Zwiebeln auf einem Gurkenhobel reibt.

*

Keine Keime

Das lästige Keimen von Zwiebeln vermeidet man, indem man mit einer Flamme oben den Kopf zwei Sekunden anbrennt. Lagernde Zwiebeln keimen auch dann nicht, wenn man eine Scheibe trockenes Brot zwischen sie legt.

✷

Leichter schälen

Wenn sich Zwiebeln nicht gut schälen lassen, übergießt man sie mit kochendem Wasser. Danach geht es leichter.

✷

Saubere Hände mit Öl

Bevor man Rotkohl oder Zwiebeln schneidet, sollte man die Hände leicht mit Öl einreiben. So nehmen sie weder Farbe noch Geruch an.

✷

WEITERE HILFEN

Erbsen

Getrocknete Erbsen setze ich mit kochendem Wasser auf. Erst zum Schluß salze ich sie. So werden sie schneller gar.
Streut man ein wenig Zucker über die kochenden Erbsen, behalten sie ihre schöne grüne Farbe. Auch der Geschmack verbessert sich.

*

Gurken

Gurken werden würziger und knackiger, wenn man sie vor dem Einlegen mit einer Stricknadel der Länge nach durchsticht.

*

Meerrettich

Meerrettich sollte beim Kauf immer frisch und fest sein, weil sich Rettich so viel leichter reiben läßt.

*

Möhren

Von Möhren sollte man sofort das Laub entfernen. Der Grund: Es entzieht ihnen Saft, so daß sie schneller verwelken.
Wer sich das Putzen von Karotten erleichtern will, kocht sie vorher mit der Haut und schreckt sie dann mit eiskaltem Wasser ab.

*

Schwarzwurzeln

Wer Schwarzwurzeln mit kochendem Wasser begießt, kann die Schalen anschließend leichter entfernen.

*

Sellerie

Sellerie bleibt beim Kochen weiß, wenn man etwas Öl ins Kochwasser gibt und bei offenem Topf kocht. Geschält wird er erst danach.
Man kann ihn auch einige Stunden vor dem Kochen in Essigwasser legen.

*

Spinat

Blattspinat schmeckt auch roh als Salat. Er erhält eine pikante Note, wenn man ihn in einer Speckschwitze serviert.

*

Gemüsebrühe

Reste von Gemüsebrühe kann man bequem in Eiswürfelbehältern einfrieren. Zum Verfeinern von Suppen, Soßen und Eintöpfen kann man die Brühe portionsweise zugeben.

*

Gemüse tropfnaß putzen

Obst, Gemüse und Wurzelwerk sollte man nur mit nassen Händen schälen, schaben oder putzen. So vermeidet man die gefürchteten schwarzen und rissigen Hände.

*

Welkes Gemüse

Welkes Gemüse wird wieder frisch, wenn man es einige Zeit in Wasser mit einem Schuß Zitronensaft oder Essig legt.

Geschirrtuch ins Gemüsefach

Damit Gemüse länger frisch bleibt, lege ich ein Geschirrtuch oder ein bis zwei Papiertücher in das Gemüsefach. Sie nehmen die Feuchtigkeit auf.

✷

Feuchtes Seidenpapier

Gemüse hält sich länger in feuchtem Seidenpapier frisch.

✷

Aber bitte mit Pfeffer!

Gewürze

A – Z

Kochen

Ganze Gewürze wie Nelken, Pfefferkörner und Lorbeerblätter lassen sich sehr gut in einem Tee-Ei mitkochen. So erspart man sich das anschließende Herausfischen der einzelnen Gewürze.

*

Lagern

Getrocknete Gewürze sollten Sie in licht- und luftdichten Gefäßen aufbewahren. Ansonsten verlieren sie sehr schnell ihr Aroma.

*

Paprika

Paprikastreifen, die übrig sind, sollten in Streifen geschnitten und eingefroren werden. Sie können beispielsweise noch eine Instantsoße verfeinern.

*

Paprikapulver

Paprikapulver darf niemals mitgeröstet werden, denn es verbrennt und verändert den Geschmack des Gerichtes. Es sollte daher immer erst nach dem Anbraten und Ablöschen hinzugegeben werden.

*

Petersilie

Wenn Petersilie nach dem Waschen in heißem Fett fritiert und anschließend gesalzen wird, dann wird sie knusprig und schmackhaft.

*

Salz

Salz verklumpt nicht, wenn im Streuer fünf bis zehn Reiskörner sind. Diese saugen die Feuchtigkeit auf. Sie können auch den Streuer mit Alufolie abdecken. Kommt zuviel Salz heraus, reinigen Sie den Deckel gründlich und streichen Sie danach einige Löcher mit farblosem Nagellack zu.

*

Schneiden

Kräuter sollen Sie niemals auf einem Holzbrettchen schneiden, denn es saugt den wertvollen Saft auf. Ein Brettchen aus Plastik ist in diesem Fall von Vorteil.

✷

Trocknen

Küchenkräuter lassen sich im Mikrowellenherd problemlos trocknen.

✷

Vanillestangen

Vanillestangen behalten ihr volles Aroma besonders lange, wenn sie in einem Schraubglas mit Zucker aufbewahrt werden.

✷

Alles Banane?

Rund ums Obst

ÄPFEL

Länger frisch

Im trockenen Keller gelagerte Äpfel bleiben länger frisch, wenn ein Eimer Wasser daneben steht.

*

Kurz lagern

Äpfel, die nur für kurze Zeit aufgehoben werden sollen, lagern am besten in Plastikbeuteln, die mit Löchern versehen sind.

*

Leichter schälen

Wenn man verschrumpelte Äpfel einige Minuten in heißes Wasser legt, lassen sie sich anschließend wie Pellkartoffeln schälen.

*

Braune Äpfel

Geschälte Äpfel werden nicht so schnell braun, wenn sie mit Vanillezucker bestreut oder mit Zitronensaft betreufelt werden.

BANANEN

Zu grün

Grüne Bananen reifen gut nach, wenn sie in ein feuchtes Tuch gewickelt werden, das wiederum in Papier eingeschlagen wird.

*

Geschmack bleibt

Reife Bananen hebt man im Kühlschrank, allerdings nicht im Gemüsefach, auf. Das hat zwar zur Folge, daß sich die Schale braun färbt, doch das Fruchtfleisch selbst bleibt davon in Geschmack und Verträglichkeit unbeeinflußt.

*

Schon überreif

Bananen, die bereits überreif sind, kann man noch verwerten. Machen Sie aus ihnen einen Brei, indem Sie die Früchte zerdrücken und ein wenig Saft einer Zitrone hinzugeben.
Den Brei können Sie einfrieren. Er schmeckt besonders gut mit Eis.

*

Keine Druckstellen

Wenn man Bananen aufhängt, bekommen sie keine häßlichen Druckstellen.

*

ERDBEEREN

Erst viel, dann wenig Wasser

Bis zur Vollblüte brauchen Erdbeeren viel Wasser. Im Juli und August dagegen sollte ihnen der Wasserhahn möglichst abgedreht werden.

*

Erst waschen, dann putzen

Erdbeeren werden erst gewaschen, dann geputzt. So saugen sie nicht allzuviel Wasser auf; außerdem werden sie nicht so schnell matschig.

*

Einige Tage lagern

Erdbeeren können einige Tage im Kühlschrank lagern, wenn sie in einem Sieb liegen. So haben sie ausreichend Luft.

NÜSSE

Paranüsse

Wenn Paranüsse, bevor sie geknackt werden, im Gefrierfach liegen, löst sich die Schale besser. Außerdem bleibt die Nuß ganz.

*

Walnüsse

Walnüsse kann man ganz leicht aus der Schale holen, nachdem sie 24 Stunden in warmem Wasser gelegen haben.

*

ZITRONEN

Lange aufheben

Unbehandelte, ganze Zitronen lassen sich in einem mit Wasser gefüllten, verschlossenen Glas im Kühlschrank sehr lange aufheben. Außerdem geben sie so mehr Saft her.

*

Mehr Saft

Wenn ungespritzte Zitronen zehn Minuten in heißem Wasser liegen, geben sie anschließend doppelt so viel Saft her.
Mehr Saft gewinnt man auch dann aus ihnen, nachdem man sie unter Druck auf einer harten Fläche hin und her gerollt hat.

*

Einige Tropfen

Braucht man für den Kuchen oder den Salat nur einige Tropfen Zitronensaft, so sticht man mit einer Gabel kurz in die Zitrone und drückt einige Tropfen heraus. So kann die Frucht anschließend noch für weitere Zwecke verwendet werden.

*

Zitronenkerne entfernen

Zitronenkerne müssen bei der Zubereitung von Speisen sorgsam entfernt werden, weil sie sehr bitter schmecken.

*

Essig hilft

Eine angeschnittene Zitrone kann man länger frisch halten, indem man sie mit der Schnittfläche auf einen kleinen Teller legt, auf den man vorher einige Tropfen Essig gegeben hat.

✱

WEITERE HILFEN

Ananas

Frische Ananas dürfen nicht mit dem selben Messer, mit dem sie geschält wurden, aufgeschnitten werden. Der Grund: Die Schale enthält eine Säure, die Entzündungen an Mund und Lippen hervorrufen kann.

✱

Avocados

In einer Schüssel mit Mehl reifen Avocados schneller.
Wenn sich ein Zahnstocher leicht in das Stielende der Avocado bohren läßt, ist sie reif.

✱

Backpflaumen

Das Aroma von Backpflaumen wird durch das Einweichen der Früchte in schwarzem Tee erheblich intensiver.

*

Orangen

Orangen, die kurz in warmes Wasser oder auf die Heizung gelegt werden, lassen sich anschließend leichter schälen.

*

Tiefgefrorene Früchte

Übergießt man tiefgefrorene Früchte während des Auftauens mit etwas heißem Zuckerwasser, bleibt ihre natürliche Farbe erhalten.

*

Nicht matschig

Tiefgekühlte Erdbeeren, Heidelbeeren oder Himbeeren werden beim Auftauen nicht matschig, wenn man sie mit kochendem Wasser übergießt.

Frisch & knackig

Salate

KOPF- & GURKENSALAT

Wieder knackig

Welker Salat wird wieder knackig, wenn man in das Waschwasser einen Eßlöffel Zucker gibt.

*

Vitamine ködern

Kopfsalat sollte gleich nach dem Kauf am Wurzelende über Kreuz eingeschnitten und auf einen Suppenteller mit wenig Wasser gelegt werden. So bleibt er zwei Tage frisch, ohne Vitamine zu verlieren.

*

Ab ins Wasser

Wenn ein Kopfsalat sich schlecht entblättern läßt, legen Sie ihn ins Wasser. Danach zerreißen nicht einmal mehr die Blätter.

*

Gut abtropfen lassen

Salat kann gut abtropfen, wenn eine umgestürzte Untertasse auf dem Boden der Salatschüssel liegt. Außerdem bleibt der Salat frisch und knackig.

*

Bekömmliche Gurken

So wird Gurkensalat bekömmlicher und leichter verdaut: Schlangengurken schälen, in der Länge halbieren und mit einem Löffel die Kerne entfernen. Eine weitere Möglichkeit: Die geschälten Gurken mit kochendem Wasser abschrecken, danach mit kaltem Wasser abspülen.

*

Kraut ins Wasser

Radieschen bleiben länger frisch, wenn man das Kraut ins Wasser stellt, nicht die Knollen.

*

NUDEL- & KARTOFFELSALAT

Mit Essig kochen

Nudeln für einen Salat koche ich mit Essigwasser. So muß man die Marinade kaum noch würzen.

*

Mit heißem Wasser übergießen

Kartoffelsalat klebt nicht, wenn man die noch warmen Kartoffelscheiben mit etwas heißem Wasser übergießt.

*

Kuchen, Torten, Marmeladen

Süße Schleckereien

KÄSEKUCHEN

Kakao statt Mehl

Käsekuchen sieht lecker aus und schmeckt hervorragend, wenn man die angegebene Menge Mehl durch ebensoviel Kakaopulver ersetzt.

*

Stabile Masse

Bei Käsekuchen sollte man nicht normalen Zucker, sondern Gelierzucker verwenden. Die Quarkmasse wird so stabiler und kann beim späteren Abkühlen nicht mehr zusammenfallen. Es gibt noch weitere Tricks, die das Zusammenfallen des Kuchens verhindern: Man nimmt ihn nach der Hälfte der vorgesehenen Backzeit etwa zehn bis fünfzehn Minuten aus dem Ofen. In dieser Zeit setzt sich die Füllung ein wenig, geht aber in der zweiten Hälfte der Backzeit wieder auf und bleibt dann garantiert oben. Es hilft auch, nach der Hälfte der Backzeit den Kuchen mit einer feinen Gabel mehrmals einzustechen.

Goldgelb

Sie sollten etwa zehn Minuten vor Ende der Backzeit den Kuchen gleichmäßig mit lauwarmer Milch bestreichen, die mit Zucker verrührt wurde. So wird er goldgelb.

✱

Auftauen

Eingefrorenen Käsekuchen sollte man sehr langsam auftauen, am besten im Kühlschrank, damit er seine cremige Beschaffenheit behält.

✱

STREUSELKUCHEN

Schön mürbe

Die Streusel auf dem Kuchen werden schön mürbe, wenn man sie sofort nach dem Backen mit Wasser besprüht.

✱

Kochende Milch

Träufelt man gleich nach dem Backen etwas kochende Milch über den Kuchen, bleibt er lange frisch.

*

TORTEN AUS BISKUIT

Im Nu flaumig

Biskuitmasse wird im Nu flaumig, wenn die Eier vorher kurz in heißem Wasser gelegen haben.

*

Heiß schneiden

Ich verwende immer einen Baumwollfaden, um Biskuitboden heiß zu schneiden.

*

Mehrschichtige Torte

Wenn eine mehrschichtige Torte angeschnitten wird, quillt die Tortenfüllung an den Seiten leicht heraus. Daher schneide ich den oberen Boden schon vorher in Portionsstücke.

Mit Eiweiß bestreichen

Der Obstsaft zieht nicht so schnell in den Tortenboden ein, wenn man diesen vor dem Belegen mit Eiweiß bestreicht.

*

Joghurt hält frisch

Bevor man Tortenböden mit Obst belegt, bestreicht man den Boden mit Joghurt. So bleibt er wunderbar frisch.

*

MARMELADE

Taufrisch

Landet frisch eingekochte Marmelade, sobald sie erkaltet ist, mit dem Glas im Gefrierfach, schmeckt sie nach dem Auftauen „taufrisch".

*

Zitronensaft unterrühren

Beim Kochen von Marmelade rühre ich zum Schluß den Saft einer Zitrone unter. So bleibt nicht nur die Farbe der Marmelade erhalten, sondern sie schmeckt auch würziger.

*

Eingetrocknet

Eingetrocknete Marmelade ist nach kurzem Aufkochen wiederzuverwenden.

*

Leicht stürzen

Geleespeise kann man leicht stürzen, wenn man vor dem Einfüllen der heißen Speise die Form mit kaltem Wasser ausspült. Vor dem Stürzen sollten Sie die Form etwa eine Minute in heißes Wasser oder über Dampf halten.

*

NACHSPEISEN

Butter hilft

Pudding brennt beim Kochen nicht an, wenn der Kochtopfboden zuvor mit Butter eingerieben wurde.

*

Pudding in Kaffee

Wenn ich Schokoladenpudding zubereite, rühre ich das Pulver in Kaffee an, weil so ein gutes Aroma entsteht.

*

Dessert zu süß?

Ist das Dessert zu süß geraten, gibt man einen Teelöffel Zitronensaft hinzu. Er bindet den Zucker. Apfelessig erweist denselben Dienst. Er rundet außerdem den Geschmack der Speise ab.

*

WEITERE HILFEN

Zuckerguß

So wird Zuckerguß für Kuchen besonders weiß: Rühren Sie den Puderzucker statt mit Wasser mit Milch an.

✷

Wieder streufähig

Zucker wird wieder streufähig, wenn man eine Scheibe Brot in die Packung legt.

✷

Puderzucker

Puderzucker kann man herstellen, indem man Zucker in eine elektrische Kaffeemühle gibt.

✷

Trockene Kekse

Ausgetrocknete Kekse muß man nicht gleich wegwerfen. Sie werden wieder frisch, wenn sie kurz in Milch getaucht und ein paar Minuten im Backofen erhitzt werden.

✷

Popcorn

Geben Sie etwas Popcornmais in eine Schale, die Sie mit einem Teller bedeckt in den Mikrowellenherd stellen. Stellen Sie den Herd an. Warten Sie, bis die Maiskörner aufgesprungen sind. Danach bestreuen Sie das Popcorn mit Puderzucker.

✷

Marzipan

Trockenes Marzipan wird in einem feuchten Tuch wieder frisch.

✷

Krapfen

Je mehr Eigelb Sie für die Krapfen verwenden, desto weniger Fett saugen sie auf. Nehmen Sie die Krapfen gleich nach dem Ausbacken aus dem Fett heraus, um sie kurz in Wasser zu tauchen. Ein paar Scheiben roher Kartoffeln im Ausbackfett verhindern das Verbrennen der Krapfen.

✷

Bienenwachs fürs Blech

So fetteten unsere Großmütter das Backblech für ihre Weihnachtskekse:
Das Blech im Backofen nur kurz erwärmen und mit einer echten Bienenwachskerze darüberstreichen. Ihr zartes Aroma gibt dem Gebäck eine pikante Note.

✱

Riesige Baisers

Das Geheimnis von hohen, luftigen Baisers ist etwas Backpulver, das man in das zimmerwarme Eiweiß rührt, bevor es mit dem Zucker zusammen sehr steif geschlagen wird.

✱

Verklebt, verklumpt, versalzen?

Weitere tolle Küchentips

BEILAGEN

Faule Kartoffeln

Damit Kartoffeln im Keller bei längerer Lagerung nicht faulen, sollte man ein Gefäß mit Kalk neben die Knollen stellen.

✷

Verschrumpelte Kartoffeln

Sie brauchen verschrumpelte Kartoffeln nicht wegzuwerfen. Wenn sie kurz in Eiswasser liegen, werden sie wieder hart.

✷

Haltbar durch Wasser

Geschälte Kartoffeln lassen sich drei bis vier Tage im Kühlschrank aufbewahren, wenn sie in einer verschlossenen Schüssel mit kaltem Wasser und einigen Tropfen Essig aufbewahrt werden.

✷

Schneller kochen

Ein Teelöffel Margarine im kochenden Wasser erhöht den Siedepunkt. Die Flüssigkeit wird heißer und die Kartoffeln kochen schneller.

Groß und klein

Damit die großen Pellkartoffeln genauso schnell gar werden wie die kleinen, sollte man die großen Kartoffeln mit einer Stricknadel durchstechen.
Ihre Garzeit wird dadurch reduziert.

✷

Leichter aus der Pelle

Pellkartoffeln lassen sich leichter pellen, wenn dem Kochwasser ein Löffel Öl zugesetzt wird.

✷

Dampf wegblasen

Blasen Sie den Dampf und die Schwaden beim Abschütten von Kartoffeln einfach weg.
So können Sie sich Hände und Arme nicht verbrennen.

✷

Eischneider hilft

Gekochte Kartoffeln für Salat oder Bratkartoffeln kann man schnell und problemlos mit dem Eischneider schneiden.

Puffer mit dem Waffeleisen

Kartoffelpuffer triefen nicht vor Fett, wenn sie in einem Waffeleisen gebacken werden.

*

Mit einem Tuch bedecken

Wenn man gekochte Kartoffeln nicht sofort auf den Tisch bringen will, deckt man sie mit einem Tuch zu. Der Dampf zieht in das Tuch; die Kartoffeln bleiben trocken.

*

Keine trockene Haut

Gekochte Kartoffeln sollten, bevor sie in der Mikrowelle aufgewärmt werden, mit Wasser bepinselt werden. So bekommen sie keine trockene Haut.

*

Wie frisch gekocht

Ältere Pellkartoffeln schmecken wie frisch gekocht, wenn sie ca. zehn Minuten im Eierkocher erhitzt werden.

Dünner Kartoffelbrei

Ist der Kartoffelbrei zu dünn geraten, gibt man löffelweise Püreepulver oder Trockenmilch darunter.

*

Glatt und geschmeidig

Kartoffelbrei wird besonders glatt und geschmeidig, wenn man zunächst die heißen, gekochten Kartoffeln mit der Butter und dem Salz verrührt und dann erst die erwärmte Milch zugibt.

*

Pommes frites aufwärmen

Sollen Pommes frites aufgewärmt werden, ohne daß sie hart und unverdaulich werden, hängt man sie in einem Sieb über einen dampfenden Topf.

*

Feine Bratkartoffeln

Bratkartoffeln mache ich so:
Ich gebe etwas Schmalz und ein bis zwei Zwiebeln in die Pfanne. Nachdem ich gewürfelten Speck ausgelassen habe, tue ich die zerkleinerten Pellkartoffeln hinzu. Erst wenn alles gut durchgebraten ist, kommen die geschlagenen Eier in die Pfanne.

✱

Fingerhut schützt

Um beim Reiben der Kartoffeln keine blutigen Finger zu bekommen, sollte man auf Daumen und Zeigefinger Fingerhüte stecken.

✱

Nudeln mit Geschmack

Nudeln bekommen einen herzhaften Geschmack, wenn man dem Wasser einen Brühwürfel beigibt.

✱

Herzhafte Nudeln

Geben Sie nicht nur Salz und etwas Olivenöl, sondern auch einen Brühwürfel in das Kochwasser, damit die Nudeln herzhaft schmecken.

*

Klöße vorgaren

Sie sollten Klöße immer erst im Wasser vorgaren und nicht in der Soße kochen. Sonst werden sie schlecht gar und außerdem sehr fest.

*

Überkochen vermeiden

Da paßt man nur wenige Sekunden nicht auf, schon ist das Reis- oder das Nudelwasser übergekocht und der Herd verdreckt. Wie ärgerlich! Dabei läßt sich diese Panne leicht vermeiden: Wenn Sie etwas Butter oder Öl ins Wasser geben, kocht es nicht über.

*

Reis ins Metallsieb

Reis wird körniger, wenn er in einem Metallsieb im Kochwasser hängt. Der Reis muß gut mit Wasser bedeckt sein und 12 bis 15 Minuten bei kleiner Hitze kochen. Nicht umrühren! Deckel nicht vollständig schließen. Nach dem Ausquellen den Reis kurz im Sieb abschrecken und gut abtropfen lassen.

✷

Reis aufwärmen

Geben Sie den Reis in einen Gefrierbeutel, den Sie gut verschließen. Danach legen Sie ihn fünf Minuten in kochendes Wasser. So wird der Reis wie frisch schmecken.

✷

Lockerer Milchreis

Reis mit viel Wasser, das leicht gesalzt ist, einige Minuten vorkochen. Wasser abgießen und erst dann die Milch zugeben. So klebt der Milchreis nicht.

✷

Eier lockern auf

Damit Milchreis besonders locker wird, rühre ich kurz vor Ende der Kochzeit ein Eigelb darunter und hebe ein geschlagenes Eiweiß unter den fertigen Brei.

*

FRITIEREN

Möhre ins Fett

Fritierfett bräunt nicht so schnell, wenn man eine Möhre hineingibt.

*

Weniger fettig

Wenn man beim Fritieren dem Fett einen Teelöffel Essig zusetzt, saugt das Fritiergut weniger Fett auf. Auch der Geschmack verbessert sich.

*

Sparen mit Salatöl

Anstelle von Fritierfett benutze ich normales Salatöl. Es ist sowohl billiger als auch verträglicher. Außerdem sorgt es für eine erheblich kürzere Garzeit.

*

Altes Fett

Unbrauchbares Fritierfett gießt man in eine leere Milchpackung und läßt es erstarren. So kann man es problemlos entsorgen.

*

BEHÄLTER ÖFFNEN

Schraubdeckel

Wollen sich Schraubdeckel nicht öffnen lassen, umwickelt man sie mit Sandpapier. So hat man beim Drehen einen festen Halt.
Weitere Möglichkeit: Legen Sie ein Tuch auf den Tisch, auf das Sie das Glas verkehrtherum stellen. Schlagen Sie mit der Hand einige Male vorsichtig auf das Glas. Anschließend läßt sich der Verschluß leichter öffnen.

Sie können außerdem den Schraubdeckel kurz in heißes Wasser tauchen.

*

Ketchup-Flaschen

Ketchup läßt sich nicht leicht aus der Flasche gießen. Ein kleiner Trick: Stecken Sie den Trinkhalm bis auf den Flaschenboden und ziehen Sie ihn wieder heraus.
Die damit eingedrungene Luft ermöglicht ein leichteres Fließen.

*

Flaschenreste

Um auch den letzten zähflüssigen Rest aus einer Flasche zu bekommen, gießen Sie etwas warmes Wasser hinein und schwenken sie im verschlossenen Zustand kräftig um die eigene Längsachse, so daß der Inhalt rotiert.

*

SOSSEN

Dunkle Soße

So leicht wird aus einer hellen eine dunkle Soße: Gießen Sie einfach starken Kaffee hinzu. Der Geschmack verändert sich nicht. Um Soßen zu verfeinern, kann man Pulverkaffee hinzugeben.

*

Fettarm

Wer eine fettarme Soße benötigt, gießt einfach Bratensaft in ein hohes Glas. Binnen kurzer Zeit steigt das Fett nach oben und kann abgeschöpft werden.

*

Fleischbrühe

Fleischbrühe erhält eine dunkelbraune Farbe, wenn die Knochen kurz und scharf angebraten werden.Wenn man zwei bis drei Eierschalen zehn Minuten mitkocht, wird die Knochenbrühe klar.

*

Haferflocken binden

Soßen binde ich nicht mit Mehl, sondern mit Haferflocken.

*

Keine Haut und . . .

Daß sich Haut auf Soße bildet, läßt sich leicht vermeiden, indem man gleich nach dem Kochen geschmolzene Butter über die Soße gießt und umrührt.

*

. . . keine Klumpen

Mehl klumpt beim Andicken von Soßen nicht, wenn man etwas Salz zugibt.

*

Mayonnaise

Um das Gerinnen von Mayonnaise zu vermeiden, sollte man sie an einem warmen Ort zubereiten. Ist sie aber bereits geronnen, sollten Sie heißes Wasser tropfenweise unterrühren.

Macht man Mayonnaise selbst, sollte man Eier aus dem Kühlschrank verwenden, weil sie so schneller steif wird.
Zu dünn geratene Mayonnaise läßt sich sehr gut mit einer gekochten Kartoffel andicken. Ein störender Beigeschmack entsteht nicht.

*

Mehlklümpchen

Mehl klumpt leicht, wenn man es anrührt. Etwas Salz schafft Abhilfe.

*

Pikant durch Käse

Käserinde läßt sich gut verwerten: Kocht man sie in Soßen mit, werden sie besonders pikant.

*

Reste

Reste von Bratensoßen sollten Sie nicht wegschütten. In einer Eiswürfelschale einfrieren und später zur Verfeinerung von Gemüse oder für Bratensülze verwenden.

Versalzen

Ist die Soße versalzen? Geben Sie einfach ein bis zwei Teelöffel Honig hinzu.

*

SUPPEN

Dünner Eintopf

Ist der Eintopf zu dünn geraten, hilft etwas Püreepulver.

*

Erbsensuppe

Liegt auf dem Boden des Topfes eine Scheibe Brot, brennt Erbsensuppe nicht so schnell an.

*

Fett abnehmen

Fett läßt sich von Suppen gut mit Eiswürfeln abnehmen, die in einem Küchentuch stecken. Streichen Sie mit dem Tuch einfach über die Suppe.

*

Fleischbällchen

Fleischbällchen werden alle gleich groß, wenn die Masse in eine Eiswürfelschale fest eingedrückt wird. Anschließend nehmen Sie die einzelnen Teile mit einem bemehlten Löffel heraus. Nun können kleine Bällchen geformt werden.

*

Suppenfleisch

Ein wenig Essig oder Weinbrand im Kochwasser macht Suppenfleisch zart.

*

Suppengewürz

So können Sie leicht Suppengewürz herstellen: Sellerie, Lauch, Karotten und Petersilie durch den Fleischwolf drehen und mit Meersalz vermischen. In Schraubgläsern hält sich dieses Suppengewürz über ein Jahr.

*

Tomatensuppe

Gießen Sie Tomatensuppe in die Sahne oder in die Milch, aber keinesfalls umgekehrt, damit sie nicht gerinnt.

*

Versalzen

Ist eine gebundene Suppe versalzen, sollten Sie rohe, geraspelte Kartoffeln hinzugeben und die Suppe aufkochen lassen. Gegen eine versalzene Suppe hilft auch, ein rohes Eiweiß hineinzuquirlen. Sobald es geronnen ist, können Sie es wieder herausnehmen.

*

WEITERE HILFEN

Abkühlen

Heiße Speisen kühlen schnell ab, wenn man den Topf oder die Schüssel in ein Gefäß mit kaltem Salzwasser stellt.

*

Achtung Kinder

Sind Kinder in der Küche, sollten Sie darauf achten, daß sie nicht heiße Töpfe und Pfannen vom Herd reißen. Drehen Sie die Griffe deshalb immer so, daß die Kinder nicht an sie herankommen.

✷

Alkohol

Gerichte, die mit einem Schuß Alkohol verfeinert wurden, dürfen nie aufgekocht, sondern nur gut erhitzt werden.

✷

Angebrannt

Angebrannte Speisen können ihren unangenehmen Geschmack durch einen Temperaturschock verlieren: Man deckt den heißen Topf zu und stellt ihn in eine Schüssel mit kaltem Wasser. Nach etwa 10 bis 15 Minuten kann man die Speise ohne den Bodensatz in einen sauberen Topf umschütten und wieder erwärmen.

Meßbecher

Babyflaschen eignen sich sehr gut als Meßbecher für Flüssigkeiten.

✱

Platzprobleme

Wenn die Arbeitsfläche in der Küche nicht mehr ausreicht, ziehe ich einfach einige Schubladen so weit heraus, daß ein Backblech oder ein Tablett auf ihnen Platz hat.

✱

Rezepte immer übersichtlich

Wenn man einen eingekerbten flachen Korken auf einen Karteikasten klebt und Rezeptkarten in die Kerben steckt, bleibt die Rezeptsammlung schön übersichtlich.

✱

Rezepte immer sauber

Sauber bleibt Ihr Rezept während des Kochens, wenn sie es zwischen die Zinken einer Gabel stecken, die Sie in einen Becher stellen.

Trichter

Das Einfüllen mit einem Trichter geht wesentlich schneller, wenn man einen Zahnstocher zwischen Trichter und Flaschenhals klemmt. So kann die Luft aus der Flasche schneller entweichen.

*

Überkochen

Um zu verhindern, daß Gerichte überkochen, klemmt man einen Zahnstocher zwischen Deckel und Topf.

*

Mit Shampoo und Schmierseife

Bad & WC

DUSCHE

Essig gegen Kalk

Duschköpfe aus Metall kann man in Essigwasser, das aus gleichen Teilen gemischt wurde, etwa 15 Minuten kochen lassen. Kunststoff-Duschköpfe sollte man in der gleichen Lösung über Nacht einweichen.

✱

Milchige Türen

Glastüren von Duschen sind oft milchig. Sie werden schnell wieder klar, wenn sie mit einem in Essig getauchten Lappen abgewischt werden.

✱

KERAMIK & FLIESEN

Glanz durch Shampoo

Werden Waschbecken und Armaturen mit Shampoo gereinigt, glänzen sie herrlich.

✱

Schmierseife

Schmierseife ist ein umweltfreundliches und billiges Putzmittel. Man kann sie für Keramikfliesen, aber auch für Holzfußböden und Kunststoff verwenden.

*

Badewanne wie neu

Wer seine Badewanne mit einer Mischung aus Buttermilch, Essig und Salzwasser reinigt, verhindert, daß die Badewanne stumpf wird.

*

Verfärbtes Waschbecken

Verfärbungen in Waschbecken, die durch tropfende Wasserhähne verursacht werden, begießt man mit Essig, den man einige Stunden einwirken läßt.

Man kann die Badewanne auch mit Salz bestreuen und dann mit einem in heißen Essig getauchten Lappen abreiben. Diese Prozedur sollte öfter wiederholt werden.

Strahlende Kacheln

In Bad und Dusche erzielt man strahlende Kacheln, wenn man die Dusche bei geschlossener Badezimmertür ein bis zwei Minuten heißlaufen läßt. Der durch den Dampf gelöste Schmutz läßt sich danach ganz leicht abwischen.

✱

Glänzendes Badezimmer

Nach der normalen Reinigung können Sie Kacheln, Badewanne und Waschbecken mit Autowachs einreiben, den Sie vor dem Polieren kurz einwirken lassen. Ihr Badezimmer wird strahlend und glänzend. Wasserflecken lassen sich mühelos wegwischen.

✱

Keine Putzstreifen

Putzstreifen an Fenstern, Spiegeln und Kacheln verschwinden, wenn man mit einer alten Feinstrumpfhose über die schon trockenen Flächen reibt.

Fugen wieder wie neu

Die Fliesenfugen bestreiche man aus einem Brei, der aus Wasser und Backpulver besteht. Diesen ca. eine Stunde einwirken lassen. Dann gut mit Wasser nachspülen. Die Fugen werden wieder herrlich weiß.
Fugen bleiben weiß, wenn sie von Zeit zu Zeit mit Milch gereinigt werden.

*

Spülmittel gegen Haarfarbe

Damit im Waschbecken keine Flecken durch Haarfärbemittel entstehen, reibt man das Waschbecken vorher mit flüssigem Geschirrspülmittel ein.

*

Strahlend und blank

Verchromte Wasserhähne in Bad und Küche werden nach einer Behandlung mit Essigessenz wieder strahlend und blank. Anschließend mit einem warmen Tuch nachpolieren.

*

TOILETTE

Sauber durch Cola

Wenn Sie Cola-Reste ins WC gießen, wird es strahlend sauber.

*

Blank mit Backpulver

Braune Ränder im WC verschwinden mühelos, wenn man Backpulver über sie streut. Etwas einwirken lassen und nachspülen.

*

WEITERE HILFEN

Haarbürste

Kämme und Bürsten werden nach kurzer Zeit wieder sauber, wenn sie mit Rasierschaum eingesprüht werden. Kurz einwirken lassen und ausspülen.

*

Lockenstab

Stellen Sie nach Gebrauch den Lockenstab eine Stunde in Wasser. Sie werden sich wundern, wie leicht er danach zu reinigen ist. (Vorher allerdings den Stecker herausziehen!)

✷

Marmor

Fensterbänke und Kacheln aus Marmor reibe ich mit Babyöl ein und poliere sie anschließend blank. Danach perlen auch Wassertropfen ab.

✷

Schwamm

Wenn ein Naturschwamm unansehnlich geworden ist, muß man ihn nicht gleich wegwerfen. Legt man ihn über Nacht in eine Salzwasserlösung und spült ihn anschließend aus, sieht er fast wieder wie neu aus.

✷

Glatte Radiergummis auffrischen

Wenn Radiergummis zu glatt und schmierig sind, schmirgeln Sie sie mit Sandpapier ab, schon radieren sie wie neu.

*

Hunde-Hinterlassenschaften

Bei unangenehmen Hundehinterlassenschaften müssen Sie versuchen, mit einem Lappen zunächst soviel Feuchtigkeit wie möglich aufzusaugen. Mit einer Lösung aus Essig oder Zitrone sollten Sie dann die Stelle bearbeiten und mehrmals aufwischen. Danach wird Mineralwasser auf den Flecken gegossen. Wieder aufwischen. Legen Sie ein trockenes Handtuch über den Flecken und beschweren Sie es mit schweren Büchern, die Sie mit Plastiktüten schützen. Wenn das Tuch feucht ist, sollten Sie es sofort gegen ein frisches auswechseln.

*

Tee, Teer, Tinte

Hartnäckige Flecken

A – Z

Alkohol

Alkoholflecken wäscht man am besten mit kaltem Wasser aus. Geschickt ist es, Salz auf Rotwein zu streuen.
Das Salz saugt die Feuchtigkeit auf.

*

Blut

Am besten beseitigt man Blut, indem man es mit kaltem Wasser auswäscht. Ältere Blutflecke werden erst mit Salz- oder Sodawasser behandelt, anschließend in lauwarmen Seifenwasser ausgewaschen.

*

Brandfleck

Brandflecken kann man mühelos entfernen, wenn man den Saft einer Zwiebel ca. zwölf Stunden einwirken läßt.

*

Druckerschwärze

Es ist schwer, Druckerschwärze zu entfernen. Am besten nehmen Sie Terpentin, mit dem Sie vorsichtig die Stelle bearbeiten.

✱

Ei

Frische Eiflecken auf dem Tischtuch oder der Bluse verschwinden mit Salz, das man einwirken läßt. Später mit klarem Wasser kräftig nachspülen.

✱

Fett

Fettflecken verschwinden randlos, wenn man sie dick mit Kartoffelmehl bestreut und den Belag nach 15 Minuten abbürstet.

✱

Fett auf Kleidung

Ist beim Kochen ein dicker Spritzer auf die Kleidung gekommen, sollten Sie sofort etwas Mehl über den Fleck streuen.

Fett auf Leder

Fettflecken auf Ledermöbeln lassen sich durch sofortiges Abreiben mit ein wenig geschlagenem Eiweiß entfernen.

✱

Fett auf Tapete

Mit Schulkreide reibt man vorsichtig, aber dick, Fettflecken auf der Tapete ein. Über Nacht wirken lassen und anschließend abstauben.

✱

Fleckenwasser

Die Grundsubstanz vieler handelsüblicher Fleckenwasser besteht aus zwei Teilen Wasser und einem Teil Spiritus – und das kann man doch leicht und billig selbst mischen.

✱

Joghurt

Warten Sie, bis der Joghurt angetrocknet ist. Dann können Sie ihn ausbürsten.

✱

Kaffee

Frische Kaffeeflecken wäscht man mit Salzwasser aus. Sie können die Flecken auch mit kalter Milch einreiben und mit normalem Seifenwasser nachwaschen.

✱

Kaugummi

Sind Kleidungsstücke mit Kaugummi verklebt, legt man sie einfach ins Gefrierfach. Danach läßt sich der gefrorene Kaugummi ganz leicht abkratzen.
Ist der Kaugummi im Teppichboden festgetreten, so legt man einige Eisstücke darauf. Man kann dem Kaugummifleck auch mit Benzin oder mit Benzol entgegentreten. Zurück bleiben Fettflecken, die Sie mit Kartoffelmehl behandeln können.

✱

Kerzenwachs

Kratzen Sie Kerzenwachs auf Tischplatten nicht ab. Blasen Sie stattdessen die Wachstropfen mit dem Haarfön an, bis sie weich sind. Danach sind sie leicht mit Papiertüchern zu entfernen. Mit Essigwasser nachwischen und polieren.

✷

Klebestreifen

Wenn man Klebestreifen, insbesondere von Plastikgegenständen, entfernen will, entstehen oft häßliche Flecken. Ein mit Brennspiritus getränkter Wattebausch oder Lappen beseitigt sie mühelos.

✷

Kugelschreiber

Trockene Kugelschreiberflecken in Kleidungsstücken gehen beim Waschen wieder heraus, wenn man sie vorher gründlich mit Haarspray einsprüht. Kugelschreiberflecken in Wollsachen kann man auch mit einem Wattebausch zu Leibe rücken, den man in Kölnisch-Wasser getaucht hat.

Leimfarbe

Mit einer Handvoll Zucker im Wischwasser lassen sich nach Malerarbeiten Leimfarbflecke mühelos vom Fußboden entfernen. Für Fensterscheiben nimmt man ein Zehnpfennigstück, taucht es in Wasser und wischt kreisförmig über die zurückgebliebenen Tupfer.

✱

Lippenstift an Gläsern

Spuren von Lippenstift an Gläsern und Tassen lassen sich beim Spülen nur schwer entfernen. Ein Trick hilft: Man reibt die Spuren vorher mit etwas Salz ab.

✱

Marmorflecken

Die Schnittfläche einer halbierten Zitrone entfernt mühelos Flecken auf Marmor.

✱

Nikotin

Aschenbecher aus Porzellan bekommen oft häßliche Nikotinflecken. Hier hilft es, einen nassen Korken in Salz zu tauchen und mit ihm die Flecken auszureiben.

*

Obst

Kirsch-, Erdbeer- oder Blaubeerflecken in Kleidungsstücken? Einfach in saure Milch legen, einwirken lassen und warm auswaschen. Obstflecken an den Händen werden mit Zitronensaft entfernt.

*

Rotwein

Rotweinflecken lassen sich mühelos von Stoffen entfernen, wenn man auf den noch feuchten Fleck etwas Salz streut, durchziehen läßt, auswäscht und anschließend das Kleidungsstück in Buttermilch legt.

*

Ruß

Rußflecken – zum Beispiel von Kerzen – dürfen nie angefeuchtet werden. Sie werden stattdessen dick mit Salz bestreut. Rußflecken in Teppichen können Sie mit Rasierschaum bedecken. Kurz einwirken lassen und abreiben.

✱

Schokolade

Schokoladenflecken werden zunächst mit lauwarmem Seifenwasser ausgerieben, danach klar ausgespült, mit Zitronensaft beträufelt und noch einmal gründlich ausgespült.

✱

Schweiß

Gegen Schweißbildung unter den Achseln hilft es, sich mit Eichenrinde-Tee zu waschen. Vermeiden Sie enganliegende Kleidung. Schweißflecken in leichter Sommerkleidung lassen sich am besten mit reinem Essig auswaschen. Ist der Fleck in Seide, können Sie ihn mit Spiritus ausreiben.

Sengfleck

Haben Sie beim Bügeln ein Kleidungsstück angesengt, legen Sie eine rohe, geschälte Zwiebel etwa zehn Minuten lang auf die beschädigte Stelle.

*

Stempelfarbe

Stempelfarbe an Fingern und Nägeln sind problemlos zu entfernen, nachdem sie mit Deodorant eingesprüht wurden. Diese Kur schadet dem Nagellack in keiner Weise. Stempelfarbe auf Stoffen betupft man mit Glyzerin, um dann die Stelle mit einem Gemisch auszuwaschen, das sich aus gleichen Teilen aus Wasser, Essig und Salz zusammensetzt.

*

Tee

Frische Teeflecken reibt man sofort mit Sahne ein und wäscht mit Seifenwasser nach.

*

Teer

Teerflecken verschwinden, wenn man sie gut mit Butter einreibt, diese ziehen läßt und dann ganz normal auswäscht.

✱

Tinte

Wird Tinte mit etwas Milch eingerieben, die man dann trocknen läßt und mit lauwarmer Seifenlauge ausreibt, ist der Fleck weg.

✱

Wandfarbe

Wand- und Deckenfarbe wird aus Kleidungsstücken beseitigt, indem man den Fleck vor dem Waschen mit Tapetenlöser aufweicht. Lackfarben kann man dagegen mit Terpentin aufweichen.

✱

Wasser

Wasserflecken auf Möbeln lassen sich gut entfernen, wenn man sie mit einem Gemisch aus Salatöl und reichlich Salz einreibt. Anschließend mit einem weichen Tuch nachpolieren. Braune Wasserflecken auf Übertöpfen dagegen kann man leicht mit Zahnpasta entfernen.

*

Weg mit dem Dreck!

Viele, viele Pflegetips für den Haushalt

BÜGELEISEN

Mit Kochsalz abreiben

Wollen Sie Ihr Bügeleisen reinigen, sprühen Sie auf die noch handwarme Fläche etwas Backofenspray. Danach polieren Sie kurz nach. Das Bügeleisen läßt sich auch hervorragend reinigen, wenn man etwas Kochsalz auf einen Wattebausch streut, mit dem man dann die Fläche des Eisens abreibt.

✷

Sauberer denn je

Ist das Bügeleisen verklebt, wickeln Sie einen Kerzenstummel in ein Tuch. Streichen Sie damit einige Male über das heiße Bügeleisen. Es ist danach so sauber wie kaum zuvor.

✷

Stumpfe Gleitfläche

Ist die Gleitfläche des Bügeleisens stumpf geworden, stellt man das kalte Eisen auf ein mit Essig getränktes Tuch. Nach ca. zehn Minuten gleitet es wieder flott über die Wäsche.

FENSTER

Putzstreifen besser erkennen

Man sollte stets die eine Seite von oben nach unten und die andere Seite von rechts nach links putzen. Auf diese Weise kann man sofort erkennen, auf welcher Seite sich mögliche Putzstreifen befinden.

✷

Streifenfrei durch Shampoo

Fenster kann man streifenfrei putzen, wenn man dem Wasser etwas Haarshampoo beigibt.

✷

Mit Zeitung polieren

Polieren Sie Ihre Fenster nach dem Waschen mit Zeitungspapier. Sie werden staunen, wie leicht Sie auf diese Weise Putzstreifen vermeiden.

✷

Regen reinigt Fenster

Schrägfenster, die von außen schlecht zu reinigen sind, werden schön sauber, wenn man bei starkem Regen etwas Geschirrspülmittel auf die Scheiben spritzt.

✱

Blinde Fenster- und Türscheiben

Blinde Scheiben werden wieder durchsichtig, wenn man sie mit grünen Brennesselblättern einreibt. Dabei sollte man allerdings Handschuhe tragen.

✱

Salzwasser fürs Fensterleder

Fensterleder sind wieder sauber und griffig, wenn sie eine Zeitlang in kaltem Salzwasser gelegen haben.

✱

GLÄSER

Saubere Flaschen

Glasflaschen und -karaffen lassen sich, obwohl sie stark verschmutzt sind, leicht reinigen, wenn man rohe Kartoffelschalen oder Zitronenscheiben hineingibt, die Gefäße mit Wasser auffüllt und einige Zeit kräftig schüttelt.

*

Mit Essig wieder blank

Trüb und blind gewordene Gläser werden wieder blank, wenn man sie mit Essigwasser reinigt, dem eine rohe Kartoffel beigegeben wurde.

*

Seife für Brillen

Werden Brillengläser mit trockener Seife eingerieben und anschließend mit einem Tuch nachpoliert, beschlagen sie nicht mehr.

*

GOLD, SILBER & SCHMUCK

Glanz mit Zwiebeln

Gold wird wieder glänzend, wenn man es mit Zwiebelsaft einreibt und nach ein bis zwei Stunden poliert.

*

Anlaufen vermeiden

Um das Anlaufen des Silberbestecks zu vermeiden, decke ich es immer mit Plastik ab.

*

Noch blanker

Silberbesteck wird in der Spülmaschine noch blanker, wenn in den Besteckkörben Alufolie liegt.

*

Salzgebäck macht Flecken

Servieren Sie Salzgebäck nicht in einem Silberschälchen. Es hinterläßt häßliche Flecken.

*

Schmuck in Stanniol

Schlägt man Silberschmuck, der nur selten getragen wird, in Stanniolpapier ein, läuft er nicht mehr so schnell an.

✱

Wieder wie neu

Silberketten werden wieder wie neu, wenn man sie in ein Leinensäckchen einnäht und in der Kochwäsche mitwäscht.

✱

Gold – und Silberschmuck

Ketten, Broschen und Ringe bekomme ich wieder glänzend und sauber, indem ich sie mit einer Zahnbürste und Zahnpasta putze.

✱

Glänzender Modeschmuck

Unechten Schmuck wickelt man zur Aufbewahrung in Seidenpapier. So behält er seinen Glanz.

✱

KRISTALL

Kristall-Regel

Kristall sollte man niemals in die Spülmaschine tun, auch sollte man es nie mit heißem, sondern nur mit lauwarmem Wasser spülen, da es sonst blind wird. Je dicker das Kristall ist, um so empfindlicher reagiert es auf Wärme.

*

Glanz durch Salz

Damit Kristalle wieder ihren Glanz bekommen, gibt man einen Eßlöffel Salz in das Abwaschwasser. Man kann die Kristalle auch mit einem weichen Lappen und etwas Salz abreiben.

*

Kristall-Lüster

Sie brauchen den Lüster zum Reinigen nicht abzunehmen: Füllen Sie einen Becher mit einem Teil Alkohol und drei Teilen Wasser. Tauchen Sie nacheinander alle Kristallteile ein. Sie werden glänzend und trocknen ohne Wasserflecken, Fusseln und Fingerabdrücke.

MÖBEL

Glänzendes Holz

Wenn man Möbel wieder zum Glänzen bringen will, erwärmt man einfach etwas Bier und einige Spritzer Zitronensaft. Diese Mischung gibt man auf einen weichen Lappen und reibt das Möbelstück damit ein.

✱

Nüsse gegen Kratzer

Kratzer auf Möbeln entfernt man problemlos, wenn man sie mit einer geteilten Paranuß einreibt.

✱

Seifenwasser für Eichenholz

Eichenmöbel sollte man mit Seifenwasser abwischen, weil sie dann weniger Staub aufnehmen.

Dunkle Eichenmöbel glänzen schön, wenn man sie mit einem handwarmen Öl-Rotwein-Gemisch einreibt und anschließend nachpoliert (ein Teil Öl, zwei Teile Rotwein).

Acryl nicht nachpolieren

So werden Möbel aus Acryl streifenfrei sauber: Nur feucht abwischen und nicht nachpolieren.

✱

Hochglanz bei Kunststoff

Matte Kunststoffoberflächen bekommen ihren alten Glanz zurück, wenn man sie entweder mit Autowachs behandelt oder mit Zahnpasta auf Hochglanz poliert.

✱

Polstermöbel

Bürsten Sie Ihre Polstermöbel von Zeit zu Zeit mit Essigwasser ab.

Wenn es nicht möglich ist, Polstermöbel zum Ausklopfen ins Freie zu bringen, so braucht man nur ein feuchtes Tuch über die Möbel zu breiten. Der Staub fliegt nun beim Ausklopfen nicht mehr umher, sondern sammelt sich auf der unteren Seite des feuchten Tuches.

So stellen Sie Reinigungsschaum für Polsterbezüge her: Sie geben eine halbe Tasse mildes Waschpulver auf zwei Tassen kochendes Wasser. Die Masse muß gut durchgerührt und bis zum Gelieren abgekühlt werden, bevor sie mit dem Schneebesen zu steifem Schaum geschlagen wird.

*

Leder abwischen

Wischen Sie Ihre Ledermöbel mit einem feuchten Lederlappen regelmäßig ab. Teure Spezialreinigungsmittel müssen Sie nur selten anwenden.

*

SCHUHE & LEDER

Glanz durch Zwiebeln

Schuhe aus Leder glänzen wieder wie neu, wenn man sie mit einer halbierten Zwiebel einreibt und anschließend mit einem Wollappen kräftig nachpoliert.

*

Pelzfutter reinigen

Um das Pelzfutter in Schuhen und Stiefeln zu reinigen, gibt man Talkumpuder in den Pelz und läßt es einige Stunden einwirken. Danach schüttelt man das Puder wieder aus.

*

Wenn Schuhe färben

Schuhe, die beim Tragen abfärben, kann man von innen mit Haarlack einsprühen und sie dann mit einem Tuch abreiben. Eine andere Möglichkeit besteht darin, das Innere der Schuhe mit Essig abzuwischen.

*

Absätze ohne Kratzer

Es lohnt sich, Schuhabsätze von Zeit zu Zeit mit farblosem Nagellack zu bestreichen. Sie bekommen so keine häßlichen Schrammen.

*

Helle Sohlen

Kreppsohlen bleiben länger hell, wenn man sie regelmäßig mit Terpentin abreibt.

Glatte Sohlen

Schuhsohlen, die glatt sind und auf denen man leicht ausrutscht, werden stumpfer, wenn man sie mit der Schnittfläche einer rohen Kartoffel einreibt.

✱

Rizinusöl für Lackschuhe

Neue Lackschuhe sollte man vor dem ersten Tragen mit Rizinusöl einreiben, damit sie keine Falten bekommen.

✱

Lästige Schneeränder

Weiße Ränder von Schneematsch oder Regen verschwinden, wenn man die Schuhe kräftig mit einer Zwiebelhälfte abreibt. Bei dunklen Wildlederschuhen lassen sich die Ränder mit Kaffee ausbürsten. Schneeränder an Lackschuhen entfernt man dagegen mit einem Schwamm, der mit destilliertem Wasser angefeuchtet wurde.

✱

Mattes Lackleder

Mattes Lackleder sollte man mit einer Bananenschale abreiben und anschließend auf Hochglanz polieren.

✷

Glänzend durch Körperlotion

Lederwaren glänzen wieder wie neu, wenn sie mit Körperlotion eingerieben werden.

✷

Lederflecken

Lederflecken beseitigt man am einfachsten mit einer schwachen Essig-Wasser-Lösung.

✷

Wildlederschuhe

Mit feinem Sandpapier lassen sich Wildlederschuhe reinigen.

✷

Nagellackentferner

Nagellackentferner eignet sich nicht nur zur Maniküre: Damit Schnürsenkel, bei denen die Plastikkappen abgefallen sind, nicht ausfransen und sich leichter einfädeln lassen, muß man die Enden nur kurz in farblosen Nagellackentferner tauchen.

*

Schmierseife für die Tasche

Helle Taschen und Gürtel aus Leder kann man mit unverdünnter Schmierseife einreiben. Anschließend sollte man mit einer weichen Bürste und warmem Wasser nachreiben, bevor man die Seife abspült. Das Leder wirkt wieder wie neu.

*

Glanz auf Taschen

Aktentaschen und Schulmappen werden wieder glänzend und rein, wenn man sie mit der weißen Seite einer Apfelsinenschale abreibt.

*

TEPPICHE

Umweltfreundlich aufhellen

So hellen Sie Ihren Teppich auf: Streuen Sie großzügig Salz über den Teppich. Lassen Sie es etwa eine Stunde einwirken, bevor Sie es absaugen.

*

Flecken

Geben Sie etwas Glasreiniger auf die Teppichflecken. Lassen Sie ihn kurz einwirken. Danach können Sie ihn mit einem sauberen Lappen wieder herausreiben.

*

Kein Teppichschaum

Verschmutzte Teppiche muß man nicht mit chemischem Schaum bearbeiten. Folgendes hilft auch: Rohe, frisch geriebene Kartoffeln auf dem Teppich verteilen, einziehen lassen und anschließend absaugen.

*

Sodawasser für Kokosläufer

Kokosläufer muß man von Zeit zu Zeit mit Sodawasser abbürsten. Sie halten übrigens länger, wenn man sie gelegentlich mit einem Wäschesprenger befeuchtet.

*

WEITERE HILFEN

Besenborsten

Umgeknickte Besenborsten richten sich wieder auf, wenn man sie kurz über Wasserdampf hält.

*

Bilderrahmen

Vergoldete Holzrahmen werden wie neu, wenn man sie mit einem in Weinessig getauchten Schwamm abreibt, mit klarem Wasser abspült und sie dann an der Luft trocknen läßt.

*

Brillen

Verschmutzte Brillengläser lassen sich sehr gut mit einigen Tropfen Alkohol reinigen. Außerdem beschlagen sie danach nicht mehr.

✱

Bücher

Bücher, die an den Schnittstellen schmutzig sind, kann man mit einem in Spiritus getauchten Lappen reinigen.

✱

Federbetten

Verklumpte Federn im Oberbett können Sie mit dem Fön aufwirbeln. Dazu müssen Sie das Inlett einige Zentimeter auftrennen.

✱

Fliesen

Fliesen lassen sich hervorragend mit dem Staubsauger reinigen, wenn man an dem Steckrohr eine Bürste anbringt.

✱

Heizkörper

Um den Heizkörper zu reinigen, können Sie ein feuchtes Tuch hinter ihn hängen und den Staubsauger als Blasebalg benutzen. Staub und Schmutz werden auf das feuchte Tuch geblasen.

*

Klaviertasten

Klaviertasten werden wieder schön, wenn man sie mit Zahnpasta und einem feuchten Tuch abreibt. Danach trockenwischen und mit einem weichen Tuch polieren.

*

Kleiderbürsten

Kleiderbürsten reinigen sich ganz leicht, wenn man sie an die Saugdüse des Staubsaugers hält.

*

Lamellentüren

Eine Lamellentüre reinigt man mühelos mit einem Lineal, das mit einem in Möbelspray getränkten Tuch umwickelt wird.

Legosteine

Oft sind Legosteine fettig und verschmiert. Ich gebe sie dann in einen Kissenbezug und wasche die Steine bei 30 Grad in der Waschmaschine.

✷

Marmorplatten

Marmorplatten kann man auch ohne chemische Mittel reinigen. Sie werden einfach mit einem Gemisch aus Schmierseife und Wasser abgewaschen, mit klarem Wasser abgespült, gut abgetrocknet und dünn mit Speiseöl eingerieben.

✷

Messing

Ziergegenstände aus Messing glänzen wie neu, wenn man sie mit der Schnittfläche einer halbierten Zitrone abreibt, klar nachspült und blank reibt.
Trägt man eine dünne Schicht Glasreiniger mit einem weichen Tuch auf, läßt ihn etwas

einziehen, bevor man leicht poliert, bleibt Messing monatelang schön.

*

Nähmaschinen

Zum Reinigen der Spulenkapsel und anderer Kleinteile von Nähmaschinen eignen sich Wattestäbchen und ausgediente Wimpernbürsten besonders gut.

*

Neonröhren

Werden Neonröhren mit Autowachs eingerieben und mit einem weichen Wollappen oder Watte poliert, strahlen sie regelrecht.

*

Ölgemälde

Ölgemälde und Öldruckbilder reinigt man mit einem weichen Lappen, der in warme Milch getaucht wurde. Mit einem Seidentuch nachreiben.

*

Porzellan

Ein Lappen mit kristallisierter Zitronensäure poliert Porzellan, bis es wieder glänzend ist.

✷

Reinigungsmittel

Der Umwelt zuliebe sollte man Reinigungsmittel ohne scharfe Chemikalien verwenden, zum Beispiel grüne Seife, Essig und Zitronensaft. Auch sie sorgen für Sauberkeit und Frische.

✷

Rolläden

Wasser mit etwas Weichspüler reinigt am besten Plastikrolläden.

✷

Spielkarten

Spielkarten werden wieder wie neu, wenn man sie leicht mit Kölnisch-Wasser abreibt. Nach dem Trocknen etwas nachpolieren.

✷

Spinnweben

Spinnweben immer mit einer Aufwärtsbewegung abfegen. Wischt man sie von oben nach unten ab, bleiben sie meistens an der Wand kleben.

*

Staubtücher

Staubtücher nehmen den Dreck leichter auf, wenn man sie mit Kernseife wäscht.

*

Steckdosen

Steckdosen und andere schlecht zugängliche Kanten und Ecken kann man am einfachsten mit einer Zahnbürste oder einem kleinen Pinsel reinigen.

*

Tapeten

Tapeten lassen sich leicht mit trockenem, weichem Brot reinigen. In senkrechten Strichen arbeiten. Auf diese Weise verschwinden auch Fingerabdrücke.

Verdunster

Wasserverdunster an Heizkörpern werden mühelos mit Zahnreinigungstabletten gereinigt. Die Tabletten müssen allerdings einige Zeit einwirken.

✷

Wachstücher

Wachstücher bleiben schön weich und geschmeidig, wenn man sie regelmäßig mit kalter Milch reinigt.

✷

Zinn

So werden Zinngegenstände wieder besonders schön: Reiben Sie die Teile mit einer rohen Kartoffel ein. Polieren Sie mit einem weichen Tuch nach.

✷

Kesselstein im Kupfertopf

Saubere Küche

BÖDEN & SCHRÄNKE

Mehr Glanz

Stein- und Fliesenböden behalten ihren Glanz, wenn jedem Waschwasser eine Kappe Weichspüler zugefügt wird.

✱

Kaltes Wasser, heißes Fett

Ist heißes Fett über den Boden verschüttet worden, sollten Sie sofort eiskaltes Wasser darübergießen. Sobald das Fett erstarrt ist, läßt es sich leicht abheben.

✱

Fettige Holzküche

Holzküchen sind schön, fettige Schrankflächen nicht. Mit stark verdünnter Essigessenz und einem Fensterleder werden sie wieder sauber. Der matte Holzschimmer bleibt.

✱

HERD

Mit Seife

Wer den Herd feucht mit Seifenpulver abreibt, beseitigt leicht das Fett. Anschließend sollte man mit einem trockenen Tuch die Flächen blank reiben.

✱

Vaseline für den Herd

Edelstahlkochmulden sollten Sie nach dem Säubern mit Vaseline einreiben, weil der Schmutz dann nicht so schnell einbrennen kann. Außerdem lassen sich die Platten anschließend leichter reinigen.

✱

Fett bändigen

Bratfett, das aus der Pfanne spritzt, kann mit einigen Körnchen Salz leicht gebändigt werden.

✱

Angeklebte Folie
Nagellackentferner trennt spielend leicht angeklebte Plastikfolie von Herdplatten.

*

Saubere Kochplatte
Die Cerankochplatte des Herdes reibe ich einmal in der Woche mit Vaseline ein. Teure Reinigungsmittel werden damit überflüssig.

*

Stanniolpapier als Putztuch
Herdplatten lassen sich spielend leicht reinigen, indem man Stanniolpapier zu einer runden Kugel formt und mit kreisenden Bewegungen die verkrusteten Herdplatten abreibt.

*

Verkrustete Kuchenbleche
Kuchenbleche, die durch das Backen von Obstkuchen eine braune Zuckerkruste bekommen haben, sind schnell zu reinigen: Erwärmen Sie das Blech und reiben Sie es mit weichem Papier ab.

KANNEN, TÖPFE, PFANNEN

Sauber mit Reiskörnern

So wird die Warmhaltekanne für Kaffee wieder wie neu: Schütten Sie etwas Reis und viel Wasser hinein. Dann schütteln Sie die Kanne kurz.

*

Braune Flecken

Gegen braune Flecken in der Thermoskanne helfen warmes Wasser und ein Tütchen Backpulver. Etwa zwei Stunden einwirken lassen. Weitere Tips zur Reinigung von Thermoskannen: Man gibt einen Teelöffel Salz und ein Blatt Küchenpapier in die Kanne. Dann füllt man sie mit Wasser auf, schüttelt kräftig und spült sie anschließend gründlich aus. Sie können stattdessen auch eine Reinigungstablette hineingeben, die eigentlich für die Dritten Zähne gedacht ist, und Wasser einfüllen. Nach einiger Zeit glänzt die Kanne wieder wie neu.

*

Kalt auf heiß

Speisereste lassen sich leichter von Topfböden lösen, wenn man den noch heißen Topf umdreht und von außen über den Boden kaltes Wasser laufen läßt.

✷

Flecken auf Chrom

Wenn Sie Flecken am Boden der Chrom- und Edelstahltöpfe mit etwas kaltem Essig ausreiben, wird der Topf schnell sauber.

✷

Kupferkessel reinigen

Kupferkessel und -töpfe lassen sich besser reinigen, wenn man sie vorher mit heißem Wasser füllt.
Kupferkannen werden blitzblank, wenn man sie mit Zitronensaft oder -säure reinigt.

✷

Kesselstein entfernen

So entfernen Sie Kesselstein: Den Boden des Metallkessels etwa fünf Zentimeter hoch mit Essig füllen und über Nacht stehen lassen. Am nächsten Morgen gut aufkochen lassen und mit viel klarem Wasser nachspülen.
Kesselstein setzt sich erst gar nicht an, wenn ein kalkhaltiger Stein im Wassertopf liegt.

*

Schutz für die Schicht

Haben Sie auch beschichtete Pfannen? Schützen Sie den Belag mit Papierservietten beim Übereinanderstapeln.

*

Blitzblank durch Spinat

Edelstahltöpfe werden wieder blitzblank, wenn man Spinat in ihnen kocht. Seine Oxalsäure reinigt gründlich.

*

Seife aufkochen

Kochen Sie Seifenpulver und Wasser kurz in Ihren Töpfen auf. So lösen sich angebrannte Speisereste.

✷

Emaille mit Salz

Emaillierte Töpfe und Schüsseln werden wieder blitzblank, wenn man sie vorsichtig mit Salz abreibt.

✷

Salz in die Pfanne

Wird die Pfanne nicht mehr sauber, geben Sie etwas Salz hinein und erhitzen es, bis es braun wird. Danach reiben Sie die Pfanne mit einer Zeitung aus.

✷

Essig und Salz

Angebrannte Speisereste in Gußeisenpfannen hinterlassen Flecken. Zum Glück lassen sie sich leicht entfernen, indem man etwas Essig mit Salz in der Pfanne aufkocht.

KÜHLSCHRANK

Weniger Eis

Wenn Sie nach dem Abtauen und der Reinigung den Kühlschrank mit Glycerin ausreiben, vereist er nicht so schnell. Außerdem verbrauchen Sie weniger Strom.

*

Autoreiniger

Ältere Kühlschränke und Gefriertruhen, deren Äußeres unansehnlich geworden ist, werden mit Hilfe von Auto-Lackreiniger wieder wie neu.

*

SPÜLE

Waschpulver gegen Flecken

Flecken im emallierten Abwaschbecken werden leicht mit Waschpulver entfernt. Über Nacht eine dünne Schicht davon im Becken verteilen, anderntags nachspülen.

*

Chemikalien: keine

Will man die Umwelt vor Chemikalien schützen, kann man statt des Geschirrspülmittels einen Schuß Essig verwenden.

*

Kernseife tut es auch

Die Spüle aus Edelstahl blitzt nach der Reinigung mit Kernseife so, als sei sie mit chemischen Substanzen gereinigt worden. Kernseife ist nicht nur umweltfreundlicher, sondern auch sparsamer.

*

WEITERE HILFEN

Backutensilien

Wenn Sie Backutensilien nach dem Backen mit der Hand spülen, stellen Sie die Teile zum Trocknen in den noch warmen Backofen.

*

Besteck

Wenn Sie eine Zitronenscheibe in Ihren Besteckkasten legen, sparen Sie den Klarspüler für die Geschirrspülmaschine.

✷

Brotkasten

Sie sollten einmal in der Woche den Brotkasten mit Essig auswaschen. Das Brot schimmelt dann nicht so schnell.

✷

Dunstabzugshaube

Hartnäckiger, fettiger Schmutz haftet nach kurzer Zeit in jeder Dunstabzugshaube. Mit einer Mischung aus flüssigem Geschirrspüler und Spülmaschinenpulver kann das Fett entfernt werden.

✷

Eierkocher

Kocht man Eier im elektrischen Eierkocher, sollte man dem Wasser einen Schuß Essig zugeben, damit die mit Teflon beschichteten Mulden sauber bleiben.

Fleischwolf

Einige trockene Scheiben Brot oder Brotrinde, die durch den Fleischwolf gedreht werden, reinigen das Gerät, nachdem es benutzt wurde.

*

Holzbrettchen

Liegen verfärbte Holzbrettchen über Nacht in Essig oder in verdünntem Zitronensaft, werden sie wieder wie neu.

*

Kaffeemaschine

Bei verkalkten Kaffeemaschinen läßt man eine Mischung aus 60 Prozent Essig, 40 Prozent Wasser und ein wenig Salz eine Nacht in der Maschine stehen. Am nächsten Morgen erst die Mischung, dann klares Wasser durchlaufen lassen.

*

Kaffeemühle

Nachdem Sie Ihre Kaffeemühle mit einem Pinsel gereinigt haben, mahlen Sie einige Reiskörner. So wird die Kaffeemühle wieder sauber.

✷

Kochlöffel

Kochlöffel werden wieder blank, wenn sie einige Tage in Sodawasser liegen.

✷

Mehlsieb

Mehlsiebe spüle ich grundsätzlich nur mit kaltem Wasser. Mit warmem Wasser würden die Löcher des Siebes zukleben.

✷

Salatschüssel

Reibt man Salatschüsseln aus Holz hin und wieder mit einem Walnußkern aus, so wird die Farbe aufgefrischt und kleine Kratzer verschwinden.

Tauchsieder

Ein Tauchsieder hält länger, wenn er öfter entkalkt wird. Stellen Sie den Tauchsieder entweder über Nacht in kaltes Essigwasser, oder kochen Sie in hartnäckigen Fällen das Gerät in einer kräftigen Essig-Salz-Wasser-Mischung.

*

Toaster

Toaster lassen sich am besten mit einem trockenen Pinsel, auf keinen Fall mit einem feuchten Pinsel reinigen.

*

Plagegeister vergraulen

Allerlei Ungeziefer

AMEISEN

Gewürznelken schrecken ab

Riegeln Sie den Eingang Ihrer Wohnung mit Gewürznelken ab. Ameisen schrecken vor dem Geruch zurück.

*

Hindernis Kreide

Es kommt immer wieder vor, daß sich Ameisen in der Wohnung ansiedeln. Folgender Trick hilft: Zeichnen Sie Kreidestriche auf den Boden, denn Ameisen sind nicht in der Lage, über Kreide zu krabbeln.

*

FLIEGEN

Essig schafft Ruhe

Haben Sie auch das Problem, daß Fliegen ständig um Ihre Lampe kreisen und sich dort niederlassen? Geben Sie einen Tropfen Essig auf die unterste Stelle der Birne. Schon haben Sie Ruhe vor den lästigen Zeitgenossen. Übrigens:

Die Zahl der Fliegen in ihrer Wohnung nimmt insgesamt ab, wenn Sie von Zeit zu Zeit einige Tropfen Essig auf der warmen Herdplatte verdampfen lassen.

*

Rizinusöl ins Fenster

Wenn man an jedem Fenster eine Rizinuspflanze aufstellt, bleiben die Fliegen draußen.

*

Fliegenfreie Hundehütte

Fliegen hält man von der Hundehütte fern, indem man frische Kiefernnadeln in die Hütte legt.

*

WEITERE HILFEN

Holzwürmer

Gegen Holzwürmer helfen Zwiebeln. Reiben Sie zwei Wochen lang die befallenen Holzteile mit halbierten Zwiebeln ein. Schon sind die Würmer weg.

Mäuse

Wenn man etwas Kampfer auslegt, verschwinden die Mäuse aus der Wohnung. Es ist gar nicht nötig, eine Falle aufzustellen.

✱

Spinnen

Sitzt eine Spinne an der Zimmerwand, sollten Sie eine leere Dose über sie stülpen und eine Postkarte zwischen Dose und Wand schieben. So können Sie das gefangene Insekt mühelos nach draußen transportieren.

✱

Wespe

Haben Sie eine Wespe im Haus, greifen Sie nicht gleich zum Insektenspray, weil es sie wild machen könnte. Nehmen Sie Haarspray: Es verklebt die Flügel der Wespe, die zu Boden fällt. So kann sie lebendig ins Freie getragen werden.

✱

Alles Samt und Seide

Rund um die Wäsche

WIEDER WIE NEU

Kochwäsche wird blütenweiß

Kochwäsche wird blütenweiß, wenn man eine halbierte Zitrone mitkocht.

✷

Harte Handtücher

Sind Frotteehandtücher hart geworden, benötigen Sie einen Weichmacher aus einem Teil Essig und zwei Teilen Wasser. Darin lassen Sie die Handtücher acht bis zehn Stunden ziehen. Anschließend werden sie in der Waschmaschine gewaschen. Dem letzten Spülwasser sollten Sie eine Tasse Essig und einen synthetischen Weichspüler zugeben.

✷

Filzige Socken

Filzige Wollsocken werden über Nacht in Wasser wieder weich, in das eine rohe Kartoffel gerieben wurde.

✷

Ausgeleierte Stricksachen

Ausgeleierte Stricksachen kurz in heißes, dann in kaltes Essigwasser tauchen. So erhalten sie wieder ihre ursprüngliche Form.

*

Weite Strickbündchen

In kochendem Wasser ziehen sich weite und ausgeleierte Strickbündchen wieder wunderbar zusammen.

*

BÜGELN & GLÄTTEN

Wäsche sortieren

Sortieren Sie Ihre Wäsche: Bügeln Sie zuerst empfindliche Textilien bei schwacher Hitze, erst zuletzt Leinenwäsche bei hoher Temperatur. Für Taschentücher und kleinere Teile reicht die Restwärme des Bügeleisens mit herausgezogenem Stecker.

*

Feucht in der Tüte

Manchmal hat man keine Zeit, eingesprengte Wäsche sofort wegzubügeln. Kein Problem: Man legt sie in eine Plastiktüte. Am nächsten Tag ist die Wäsche nicht ausgetrocknet, sondern gleichmäßig durchfeuchtet.

*

Wäsche einfrieren

Wenn Sie mit dem Bügeln nicht fertig werden, stecken Sie die feuchte Wäsche einfach in den Gefrierschrank. Am nächsten Tag können Sie dann die Arbeit fortsetzen.

*

Bügeln von Kleidersäumen

Beim Bügeln von Kleider- und Rocksäumen sollten Sie darauf achten, daß nur die Bruchkante, nicht aber der Saum gebügelt wird. So vermeidet man, daß sich der Saum unschön abzeichnet.

*

Zwei Fliegen mit einer Klappe

Gibt man zum Bügeln in den Wäschesprenger einige Tropfen Herrenparfüm, lassen sich die Hemden nicht nur leichter bügeln. Sie erhalten auch einen angenehmen Duft.

*

Mit Weichspüler bügeln

Geben Sie beim Einsprühen der Wäsche in das Wasser etwas Weichspüler. Das Bügeln fällt danach viel leichter.

*

Destilliertes Wasser

Bei einem Dampfbügeleisen sollte man nicht am falschen Ende sparen. Wenn man destilliertes Wasser verwendet, hält das Bügeleisen länger.

*

Dauerhafte Bügelfalten

Bügelfalten halten länger, wenn man Wäschestärke von links in den Faltenbruch sprüht, sie etwas antrocknen läßt und dann wie gewohnt bügelt.

*

Stärken mit Salz

Stärkewasser, dem etwas Salz zugesetzt wurde, verhindert, daß Wäsche an Bügeleisen und – brett klebt.

*

Krawatten wie neu

Krawatten, die im Laufe der Zeit etwas zerknittert sind, erhalten auf einer Pappschablone über Wasserdampf wieder Form. (Krawatten niemals bügeln!)

*

Löffel erwärmen

Mit einem in heißem Wasser erwärmten Löffel kann man kleine Knitterfalten in Kleidern und Blusen glätten.

Plüsch und Velours

Um Druckstellen auf Plüsch oder Velours zu beseitigen, legt man auf die Druckstellen ein nasses Tuch, bis sie genügend durchgefeuchtet sind. Danach fönt man den Stoff trocken.

*

Falten wegsprühen

Werden Falten in Möbel- und Vorhangstoffen und verdrückte Stellen in Teppichböden mit einem Wasserzerstäuber besprüht, verschwinden sie wieder.

*

Tischläufer aufrollen

Tischläufer rollt man nach dem Bügeln auf eine Papprolle und klebt das Ende fest, um Bügelkniffe zu vermeiden.

*

Stecker herausziehen

Ziehen Sie nach dem Bügeln immer den Stecker aus der Dose. Manche Bügeleisen verbrauchen Strom, obwohl der Regler auf Null steht.

✷

KLEIDERSCHRANK

Bettwäsche stapeln

Bettwäsche läßt sich besser stapeln und leichter wieder entnehmen, wenn zwischen den einzelnen Teilen flache Kartonagen liegen.

✷

Blusen aufhängen

Blusen aus dünnem Stoff rutschen im Schrank nicht so schnell vom Bügel herunter, wenn die Bügelenden mit Schaumgummi umwickelt werden.

✷

Duftende Kleidung

Schneiden Sie die Beinlänge von ausgedienten Strumpfhosen ab, stecken Sie ein Stück gut duftender Seife hinein, binden Sie die Strümpfe dann zu, um sie an die Kleiderbügel zu hängen. Die Seife vertreibt die Motten und sorgt dafür, daß der Schrank samt Kleidung frisch duftet.

*

Lackgürtel knicken

Am besten hängt man Lackgürtel an ihren Schnallen auf. Werden sie zusammengerollt, knicken sie.

*

Mäntel und Jacken

Schnürsenkelreste nicht wegwerfen: Zu einer Kordel zusammengedreht dienen sie in Mänteln und Jacken als stabile Aufhänger.

*

Motten vertreiben

Motten im Kleiderschrank kann man mit einem Beutel voller Zitronenschalen vertreiben.

Um die Garderobe vor Motten zu schützen, kann man auch einige frische Lorbeerblätter an der Kleidung festklemmen.

*

Röcke auf die Bügel

Holzkleiderbügel lassen sich mit einem kleinen Trick in Rockbügel umwandeln: An beiden Enden werden Heftzwecken eingedrückt, an denen die Rockaufhänger nicht mehr abrutschen können.

*

Seide aufrollen

Seide sollte nur aufgerollt aufbewahrt werden. So entstehen weder Knitterfalten noch Faltenkniffe, an denen Seide sehr schnell brechen kann.

*

Stricksachen in Papier

Weiße Stricksachen vergilben nicht, wenn man sie in blaues Papier wickelt.

Socken sortieren

Um die Socken nach dem Waschen besser sortieren zu können, markiere ich sie unter dem Fuß mit Nagellack. So weiß ich immer, wem welche Socken gehören.

*

Tischdecken über Kleiderbügel

Tischdecken kann man gut auf Hosenkleiderbügeln lagern. So entstehen keine Knickfalten.

*

KLEIDUNG TRAGEN

Besserer Halt

Ein kleines Samtband im Rockbund verhindert, daß Seidenblusen aus dem Rock rutschen.

*

Fusselige Angorapullover

Um zu vermeiden, daß Angorapullover beim Tragen viele Fusseln verlieren, packe ich sie zuvor in einer Plastiktüte ins Gefrierfach.

Weich und flauschig

Kratzige Wollpullover sind wieder weich und flauschig, nachdem sie eine Woche lang in der Tiefkühltruhe gelegen haben. Es hilft auch, die Pullover einige Minuten in einer Haarspülung einzuweichen. Danach gründlich ausspülen.

✷

Trägerbändchen stärken

Trägerbändchen rollen sich nicht mehr, nachdem sie gestärkt wurden.

✷

TROCKNEN

Schneller trocknen

Die Trockenzeit in meinem Wäschetrockner verkürze ich erheblich: Ich lege zu der feuchten Wäsche ein trockenes Handtuch.

✷

Trockner reinigen

Ein verstopfter Luftfilter führt beim Wäschetrockner zu einer längeren Trocknungszeit.

Ohne Kniff

Die Wäscheleine hinterläßt keinen lästigen Kniff mehr, nachdem sie durch einen Plastikschlauch gezogen wurde.

✷

Falten weg

Falten in bügelfreien Hemden verschwinden in zehn Minuten im Trockner, wenn in die Maschine auch ein feuchtes Handtuch gesteckt wurde.

✷

Tennisball für Daunenjacken

Daunenjacken werden nach dem Waschen im Trockner besonders locker, wenn man einen Tennisball hineinsteckt.

✷

Wolldecke trocknen

Hängen gewaschene Wolldecken beim Trocknen im Dreieck über der Leine, verziehen sie sich nicht.

Keine pralle Sonne

Lüften Sie Ihre Federbetten niemals in der prallen Sonne. Sonst werden die Federn brüchig.

*

WASCHEN & REINIGEN

Cordhosen vorsichtig waschen

Waschen Sie Cordhosen von links, um häßliche Knitter- und Druckstellen zu vermeiden.

*

Gardinen brauchen Lindenblüten

Cremefarbene Gardinen, die schon etwas vergilbt sind, werden nach dem Waschen mit Spülwasser und etwas Lindenblütentee wieder aufgefrischt.

*

Gardinenhaken im Strumpf

Es ist nicht nur mühsam, Gardinenhaken vor dem Waschen abzunehmen, sondern auch überflüssig, wenn Sie alte Strümpfe über die Haken stülpen und die Strümpfe fest zubinden.

✱

Lederjacke speckig

Wer den speckigen Kragen mit einem Erfrischungstuch abreibt, muß seine Jacke nicht so oft reinigen lassen.

✱

Pullover wieder flauschig

Shampoo greift empfindliche Pullover nicht an. Sie verfilzen nicht, sondern werden flauschig und angenehm weich.

✱

Samt bürsten

Verstaubter Samt wird wieder sauber, wenn man eine Kleiderbürste in Salz taucht und damit leicht den Samt bürstet.

Samt reinigt Samt

Die beste Samtbürste ist ein anderes Stück Samt, mit dem man das zu reinigende Kleidungsstück gegen den Strich abreibt.

✷

Seide glänzt

Seidenblusen, -hemden und auch -jacken behalten nach der Handwäsche ihren Glanz, wenn dem letzten Spülgang etwas Essig zugefügt wird.

✷

Stickereien sind empfindlich

Wertvolle und empfindliche Stickereien und Spitzen dürfen nur in einem geschlossenen Bezug gewaschen werden.

✷

Stockflecken entfernen

Stockflecken in der Wäsche lassen sich nach dem Einweichen in Kefir gut auswaschen.

✷

Strumpfhosen lieben Essig

Geben Sie beim Waschen von Strumpfhosen dem Wasser einen Schuß Essig zu. So halten die Strumpfhosen länger und ziehen keine Fäden.

✷

Strümpfe in Salz

Damit schwarze Strümpfe beim Waschen ihre Farbe behalten, sollte man sie durch eine starke Salzwasserlösung ziehen.

✷

Taftunterröcke wieder steif

Geben Sie bei der Wäsche Ihrer Taftunterröcke zwei Blatt Gelatine in das letzte Waschwasser. So werden sie wieder richtig steif.

✷

Tennisbälle sind Feinwäsche

Tennisbälle werden in einem Kissenbezug in der Waschmaschine als Feinwäsche sauber. Anschließend werden sie im Schongang geschleudert.

Tennissocken wieder weiß

So werden graue Tennissocken wieder weiß: Kochen Sie die Socken zusammen mit einem Säckchen voller Zitronenscheiben.

*

Waschmaschine braucht Essig

Um Kalk in der Waschmaschine zu entfernen, lasse ich ein Kurzprogramm mit vier Litern Essig laufen. Dabei werden auch Waschmittelreste gelöst.

*

Wolle voller Tintenflecken

Kugelschreiberflecken in Wollsachen kann man mit einem Wattebausch zu Leibe rücken, den man vorher in Kölnisch Wasser getränkt hat.

*

Weiche Wolle

Wollkleidung bleibt schön weich, wenn das Spülwasser und das Waschwasser dieselbe Temperatur haben.

WEITERE HILFEN

Strumpfhose gegen Fusseln

Fusseln auf schwarzen Anzügen, Röcken und Kleidern beseitigt eine ausgediente Strumpfhose aus Nylon. Die Strumpfhose zusammenknüllen und Strich für Strich über die Kleidungsstücke reiben: Schon sind die Fusseln weg.

✷

Klemmende Reißverschlüsse

Leicht öffnen und schließen lassen sich klemmende Reißverschlüsse, nachdem man sie an beiden Kanten mit Seife eingerieben hat. Eine andere Möglichkeit: Man fährt beidseitig mit einem Bleistift hoch und runter.

✷

Waschecht mit Milch

Selbstgefärbte Stoffe sind waschecht, nachdem sie in Milch eingeweicht wurden.

✷

Jeans weichklopfen

Jeanshosen und -röcke lassen sich besser kürzen, wenn Sie die Nähte mit einem Hammer weichklopfen. Dadurch gehen die Nadeln leichter durch den Stoff und brechen nicht so schnell ab. Außerdem kann die Nähmaschine den Stoff besser transportieren.

*

Waschmittel sparsam dosieren

Waschmittel können Sie sparsamer dosieren, wenn Sie es erst dann in die Waschmaschine geben, sobald ein Teil des Wassers bereits eingelaufen ist. So kann das Pulver sich besser verteilen und sich nicht ablagern.

*

Wasserdichte Stoffe

Verdünnte essigsaure Tonerde macht sämtliche Stoffe wasserdicht.

*

Handschuhe imprägnieren

Wollhandschuhe kann man imprägnieren: Zuerst werden sie mit einem Wollwaschmittel gewaschen, dann gründlich gespült und schließlich zwölf Stunden in essigsaure Tonerde gelegt.

*

Sachregister